Kauderwelsch
Band 117

typischer maltesischer Bus

Impressum

Kim Ohk
Maltesisch – Wort für Wort
erschienen im
Reise Know-How Verlag Peter Rump GmbH
Osnabrücker Str. 79, D-33649 Bielefeld
info@reise-know-how.de

3. neu bearbeitete Auflage 2010

Bearbeitung Michael Blümke
Layout Claudia Schmidt
Layout-Konzept Günter Pawlak, FaktorZwo! Bielefeld
Umschlag Peter Rump (Foto: David Pisani)
Karthographie Iain Macneish
Fotos S. 117: Silvano Massa, S. 160: David Pisani; alle anderen Fotos: Kim Ohk
Druck und Bindung Fuldaer Verlagsagentur, Fulda

ISBN 978-3-89416-568-0
Printed in Germany

Dieses Buch ist erhältlich in jeder Buchhandlung der BRD, Österreichs, der Schweiz und der Beneluxländer. Bitte informieren Sie Ihren Buchhändler über folgende Bezugsadressen:
BRD Prolit GmbH, Postfach 9, 35461 Fernwald (Annerod) sowie alle Barsortimente
Schweiz AVA-buch 2000, Postfach 27, CH-8910 Affoltern
Österreich Mohr Morawa Buchvertrieb GmbH, Sulzengasse 2, A-1230 Wien
Benelux Willems Adventure, ***www.willemsadventure.nl***
direkt Wer im Buchhandel kein Glück hat, bekommt unsere Bücher zuzüglich Porto- und Verpackungskosten auch direkt über unseren Internet-Shop: ***www.reise-know-how.de.***

Kauderwelsch

Kim Ohk

Maltesisch

Wort für Wort

REISE KNOW-HOW
im Internet
www.reise-know-how.de
info@reise-know-how.de

Aktuelle Reisetipps
und Neuigkeiten,
Ergänzungen nach
Redaktionsschluss,
Büchershop und
Sonderangebote
rund ums Reisen

Kauderwelsch-Sprechführer sind anders!

Warum? Weil sie Sie in die Lage versetzen, wirklich zu sprechen und die Leute zu verstehen.

Wie wird das gemacht? Abgesehen von dem, was jedes Sprachbuch bietet, nämlich Vokabeln, Beispielsätze etc., zeichnen sich die Bände der Kauderwelsch-Reihe durch folgende Besonderheiten aus:

Die **Grammatik** wird in einfacher Sprache so weit erklärt, dass es möglich wird, ohne viel Paukerei mit dem Sprechen zu beginnen, wenn auch nicht gerade druckreif.

Alle Beispielsätze werden doppelt ins Deutsche übertragen: zum einen **Wort-für-Wort**, zum anderen in „ordentliches" Hochdeutsch. So wird das fremde Sprachsystem sehr gut durchschaubar. Denn in einer fremden Sprache unterscheiden sich z.B. Satzbau und Ausdrucksweise recht stark vom Deutschen. Ohne diese Übersetzungsart ist es so gut wie unmöglich, schnell einzelne Wörter in einem Satz auszutauschen.

Die **Autorinnen** und **Autoren** der Reihe sind Globetrotter, die die Sprache im Land selbst gelernt haben. Sie wissen daher genau, wie und was die Leute auf der Straße sprechen. Deren Ausdrucksweise ist nämlich häufig viel einfacher und direkter als z.B. die Sprache der Literatur oder des Fernsehens.

Besonders wichtig sind im Reiseland **Körpersprache, Gesten, Zeichen** und **Verhaltensregeln**, ohne die auch Sprachkundige kaum mit Menschen in guten Kontakt kommen. In allen Bänden der Kauderwelsch-Reihe wird darum besonders auf diese Art der nonverbalen Kommunikation eingegangen.

Kauderwelsch-Sprechführer sind keine Lehrbücher, aber viel mehr als Sprachführer! Wenn Sie ein wenig Zeit investieren und einige Vokabeln lernen, werden Sie mit ihrer Hilfe in kürzester Zeit schon Informationen bekommen und Erfahrungen machen, die „taubstummen" Reisenden verborgen bleiben.

Inhalt

Konversation

Anhang

Magarr ix-Xini, Gozo

Vorwort

Das kleine Archipel Malta wurde im Laufe der Jahrhunderte Besitz vieler Herren, was sich natürlich auf die Sprache ausgewirkt hat. Es ist eine interessante Mischung aus arabischen und romanischen grammatikalischen Elementen und Wörtern.

Obwohl fast überall Englisch und auch Italienisch verstanden wird, ist es erstaunlich, mit wie viel Freude und Ermunterung Malteser selbst die winzigsten Versuche von Ausländern, in ihrer Sprache zu sprechen, unterstützen. Dabei spielt es keine Rolle, ob die Sprache perfekt beherrscht wird. Fehler werden gern verziehen und notfalls kann man Wörter, die man nicht weiß, in Englisch oder Italienisch einflicken.

Es öffnet dem Reisenden einen ganz anderen Zugang zur Mentalität, Kultur und den Herzen der Inselbewohner, wenn diese feststellen, dass sich jemand bemüht, „ihre“ Sprache zu sprechen, auch wenn es vorerst nur kleine Brocken sind!

Bei der Erkundung der Insel, ihrer Bewohner und Sprache wünsche ich viel Erfolg!

Kim Ohk

Hinweise zur Benutzung

Der Kauderwelsch-Band Maltesisch ist in drei wesentliche Abschnitte, „Grammatik“, „Konversation“ und „Wörterliste“, gegliedert:

Grammatik

Die Grammatik beschränkt sich auf das Wesentliche und ist so einfach gehalten wie möglich. Deshalb sind auch nicht sämtliche Ausnahmen und Unregelmäßigkeiten der Sprache erklärt. Natürlich kann man die Grammatik auch überspringen und sofort mit dem Konversationsteil beginnen. Wenn dann Fragen auftauchen, kann man immer noch in der Grammatik nachsehen.

Konversation

In der Konversation finden Sie Sätze aus dem Alltagsgespräch, die Ihnen einen ersten Eindruck davon vermitteln sollen, wie die maltesische Sprache „funktioniert“ und die Sie auf das vorbereiten sollen, was Sie später möglicherweise auf Malta hören werden. Denn was man vorher schon gelesen hat, versteht man später viel einfacher.

Wort-für-Wort-Übersetzung

Jede Sprache hat ein typisches Satzbaumuster. Um die sich vom Deutschen unterscheidende Wortfolge maltesischer Sätze zu verstehen, ist die Wort-für-Wort-Übersetzung in kursiver Schrift gedacht. Jedem maltesischen Wort entspricht ein Wort in der Wort-für-Wort-Übersetzung. Wird ein maltesisches Wort im Deutschen durch zwei Wörter übersetzt, werden diese in der Wort-für-Wort-Übersetzung mit einem Bindestrich verbunden. Werden in einem Satz mehrere Wörter angegeben, die man untereinander austauschen kann, wird das durch einen Schrägstrich kenntlich gemacht:

Għandi wġigħ ta' ras/stonku.
bei-ich Schmerz von Kopf/Magen
Ich habe Kopf-/Magenschmerzen.

Wird z. B. die männliche und weibliche Form eines Eigenschaftswortes angegeben, sieht das so aus:

Inti miżżowweġ/miżżewġa?
du verheiratet(m/w)
Bist du verheiratet?

Hier wird ein „Mann" bzw. eine „Frau" angesprochen!

Drei Punkte weisen darauf hin, dass z. B. ein Name oder ein Wort aus der Wortliste ergänzt werden muss:

Għandi bżonn ...
bei-ich Bedürfnis
Ich brauche ...

Abkürzungen

In Wort-für-Wort-Übersetzung und Text werden folgenden Abkürzungen verwendet:

m	männlich (maskulin)
w	weiblich (femminin)
Ez	Einzahl (Singular)
Mz	Mehrzahl (Plural)
koll	kollektive Mehrzahl

Mit Hilfe der Wort-für-Wort-Übersetzung können Sie bald eigene Sätze bilden. Sie können die Beispielsätze als Fundus von Satzschablonen und -mustern benutzen, die Sie selbst Ihren Bedürfnissen anpassen. Ein großer Teil der Beispielsätze ist daher nach allgemeinen Kriterien geordnet.

Mit einem kleinen bisschen Kreativität und Mut können Sie sich neue Sätze „zusammenbauen", auch wenn das Ergebnis nicht immer grammatikalisch perfekt ausfällt.

Wortlisten

Die Wortlisten am Ende des Buches helfen Ihnen dabei. Sie enthalten einen Grundwortschatz von je ca. 1000 Wörtern „Deutsch-Maltesisch" und „Maltesisch-Deutsch", mit denen man eine ganze Menge anfangen kann.

Umschlagklappe

Die Umschlagklappe hilft, die wichtigsten Sätze und Formulierungen stets parat zu haben. Hier finden sich schnell die wichtigsten Angaben zur Aussprache und eine kleine Liste der wichtigsten Fragewörter, Richtungs- und Zeitangaben. Aufgeklappt ist der Umschlag eine wesentliche Erleichterung, da nun die gewünschte Satzkonstruktion mit dem entsprechenden Vokabular aus den einzelnen Kapiteln kombiniert werden kann.

Wenn alles nicht mehr weiterhilft, dann ist vielleicht das Kapitel „Nichts verstanden? – Weiterlernen!" der richtige Tipp. Es befindet sich ebenfalls im Umschlag, stets bereit, mit der richtigen Formulierung für z. B. „Ich habe leider nicht verstanden." oder „Wie bitte?" auszuhelfen.

Seitenzahlen

Um Ihnen den Umgang mit den Zahlen zu erleichtern, wird auf jeder Seite die Seitenzahl auch auf Maltesisch angegeben!

Valletta

Über das Maltesische

Maltesisch ist eine semitische Sprache mit einer auf dem Arabischen basierenden Grammatik und einem aus vielen Sprachen zusammengesetzten Vokabular. Glücklicherweise wird das Malti in lateinischen Buchstaben geschrieben. Es bleibt uns also erspart, uns mit einem anderen Schriftsystem auseinanderzusetzen.

Das heutige Maltesisch wird hauptsächlich getragen von mittelalterlichem Sizilianisch, dem sich später Italienisch und in neuerer Zeit Englisch hinzugesellten. Es verfügt über einen reichhaltigen Wortschatz, der weiterhin ergänzt wird durch Lehnwörter aus anderen Sprachen, wie das heutzutage in eigentlich allen Sprachen der Fall ist.

Da Maltesisch eine semitische Sprache ist, spielen in einem Wort die Mitlaute die wichtigste Rolle. In der Regel sind es drei, weshalb das Phänomen „Triliteralismus" genannt wird. Dieses System macht das Erlernen der Sprache sehr einfach, weil praktisch alle Wörter auf diese Stammmitlaute, die übrigens nie (!) ihre Reihenfolge verändern, zurückzuführen sind und somit einen hohen Wiedererkennungswert beinhalten.

Zur Veranschaulichung zwei Beispiele mit den Mitlautfolgen **k-t-b** und **x-r-b,** die etwas mit „schreiben / Schrift" bzw. etwas mit „trinken / Getränk / Flüssigkeit" zu tun haben.

ITALIEN
Sardinien
MITTELMEER
Sizilien
Gozo
Malta
TUNESIEN
LIBYEN
100 km

kiteb	er schrieb
miktub	geschrieben
ktieb	Buch
kotba	Bücher
kitba	das Schreiben
kittieb	Schriftsteller
kittieba	Schriftstellerin
ktejjeb	kleines Buch
tikteb	du schreibst; sie schreibt
nkiteb	er wurde geschrieben
mikteb	Schreibtisch

xorob	er trank
xorbot	sie trank
imxarrab *(m)*	durchnässt
imxarrba *(w)*	
mixrub	ausgelaugt
xorb	das Trinken
xarba	Getränk
xurban	betrunken

Mnajdra

Aussprache & Betonung

Das maltesische Alphabet beinhaltet 24 Mitlaute: **b, ċ, d, f, ġ, g, għ, h, ħ, j, k, l, m, n, p, q, r, s, t, v, w, x, ż, z** und 6 Selbstlaute: **a, e, i, ie, o, u.** Das maltesische Alphabet wird wie das deutsche in lateinischen Buchstaben geschrieben. In der Aussprache gibt es nur wenige Abweichungen vom Deutschen, was das Erlernen und vor allem das Lesen der Sprache beträchtlich vereinfacht.

Folgende Abweichungen sind bei den Mitlauten zu beachten:

ċ	„tsch" wie in „deu**tsch**" **ċavetta** *tscha-wät-ta* (Schlüssel)
ġ	„dsch" wie in „**Dsch**ungel" **ġuħ** *dschuch* (Hunger)
h	am Wortanfang stumm. **hawn** *aun* (hier) innerhalb eines Wortes verlängert es den Selbstlaut davor, wie in „Le**h**m" **fehem** *feehem* (verstehen) Am Ende eines Wortes und wenn es auf **għ** trifft, fällt es rauer aus und ähnelt unserem „ch" in „Handtu**ch**" **tagħha** *tach-cha* (von ihr)
ħ	sehr deutliches „h" wie in „**H**und" **ħafna** *hhafna* (viel) Es kommt auch in der Wortmitte und am Wortende vor. Dort wird es ebenfalls hörbar ausgesprochen.

*Das **q** ist der schwierigste Laut des maltesischen Alphabets! Falls man ihn gar nicht hinbekommt, kann man auch ein **k** sprechen.*

j	„j" wie in „**J**acke" (nicht wie „dsch"!) **jiena** *jiena* (ich bin)
q	Es hört sich an wie ein Mittelding zwischen **e** und **ö** und fühlt sich beim Sprechen an wie ein trockenes Hüsteln: **triq** *tri + „Hüsteln"* (Straße)
r	wird im Maltesischen leicht gerollt **mara** *marra* (Frau)
s	stimmloses „s" wie „ß" in „Ru**ß**" oder „ss" wie in „mu**ss**" **sabiħ** *ßabich* (schön)
v	„w" wie in „**w**eich" **vapur** *wapur* (Fähre, Schiff)
w	Halblaut zwischen „u" und „w" wie im engl. „**wh**y": **wieħed** *uie-hhäd* (eins)
x	„sch" wie in „**sch**ön" **xejn** *schejn* (nichts)
ż	stimmhaftes „s" wie in „Ro**s**e" **żibel** *sibäl* (Müll)

Doppelte Mitlaute werden auch doppelt so lang bzw. stark gesprochen:

ħallas	*hhall-laß*	er bezahlte

Achtung: Die Selbstlaute **e** und **o** werden immer offen gesprochen!

e	„ä" wie in „**Ä**pfel" **jekk** *jäkk* (wenn)
o	„o" wie in „**o**ffen" oder „K**o**ch" **kont** *kont* (Rechnung)

Einige Buchstabenkombinationen weichen vom Deutschen ab:

ie	ist ein langes **i** mit leichter Schleife zum **e** **Sliema** *ßliema*
aw	„au" wie in „H**au**s" **dawra** *daura* (Rundfahrt)
ew	„eo", das „ow" im englischen Wort „Sh**ow**" klingt ähnlich, allerdings hört man im Maltesischen das **e** deutlicher heraus **euro** *e-ou-ro* (Euro)

Das **ie** *zieht in einem Wort immer die Betonung an sich!*

Das Wort „Euro" wird so gesprochen wie in Italien, also **e-ou-ro,** *nicht* **yuro,** *wie die Engländer es aussprechen.*

Das **għ** (*ajn*) hört man (so gut wie) nicht! Es verlängert den nachfolgenden bzw. vorausgehenden Selbstlaut. Das hört sich dann folgendermaßen an:

għa	wie „a" **għamel** *ah-mäl* (machen)
għe	wie „ä" **għeneb** *äh-näp* (Weintrauben)
għi	wie „ey" od. „ai" **tiegħi** *tie-ey* bzw. *tie-ai* (von mir, mein)
għo	offenes „o" **għodwa** *oh-dua* (Morgen)
għu	wie „ou", „au" **tiegħu** *tie-ou, tie-au* (von ihm, sein)

Għ in der Mitte eines Wortes, zwischen zwei Selbstlauten, z. B. **agħa, egħe** oder **ogħo,** wird wie ein langes „a", „e" oder „o" ausgesprochen.

Floriana

Assimilation

Es gibt im maltesischen Alphabet Buchstaben, die mit anderen Buchstaben verschmelzen, wenn sie aufeinandertreffen.

Die Vorsilbe **n** (bei Tätigkeitswörtern) verschmilzt mit **l, m** und **r.** Die Vorsilbe **t** verschmilzt mit **ċ, d, ġ, s, x, z** und **ż.** Und das **l** des Artikels verschmilzt mit **ċ, d, n, r, s, t, x, ż** und **z.** Der betreffende Buchstabe wird verdoppelt.

In der gesprochenen Sprache kommt es gelegentlich vor, dass manche Buchstabenkombinationen von der Schreibweise abweichen. Trifft in einem Wort ein **l** auf ein **n**, hört man gesprochen „nn", z. B. **kellna** (wir hatten) klingt wie *„känna"*, die Kombination **n** + **b** wird zu *„mb"*, z. B. **nbid** *imbiit* (Wein).

Betonung

Die Betonung der maltesischen Wörter liegt in der Regel auf der vorletzten Silbe. Ausnahmen bilden Wörter, die aus anderen Sprachen aufgenommenen wurden. Werden zu einem Wort Silben hinzugefügt, verschiebt sich die Betonung oft nach hinten. Ein **ie** zieht in einem Wort immer die Betonung an. Den Sprachrhythmus findet man ganz schnell heraus, wenn man sich ein wenig Zeit nimmt, sich in ein Café zu setzen, um Maltesern bei der Unterhaltung zuzuhören. Oder man bittet einen Einheimischen, etwas vorzulesen.

Tista' taqrali dik, jekk jogħġbok?
du-kannst du-liest diese für-mich wenn er-gefällt-dir
Kannst du mir das bitte vorlesen?

Satzstellung

Die Satzstellung ist ähnlich wie im Deutschen. An erster Stelle im Satz steht der Satzgegenstand (Subjekt), es folgt die Satzaussage (Prädikat), dann die Satzergänzung (Objekt).

Einen gravierenden Unterschied müssen wir uns allerdings merken: Die Eigenschaftswörter (Adjektive) stehen immer hinter dem dazugehörenden Hauptwort (Substantiv). Außerdem muss man daran denken, dass es im Maltesischen keine Grundform von Tätigkeitswörtern (Infinitiv) gibt. Daher werden, falls in einem Satz zwei oder mehrere Tätigkeitswörter vorkommen, alle gebeugt.

Wörter, die weiterhelfen

Für die folgenden wichtigen Formulierungen brauchen Sie noch keine Grammatikkenntnisse. Die Wörter aus den Wortlisten können unverändert in den Satz eingesetzt werden.

Għandi bżonn ... Ich brauche ...

Għandi bżonn ...
bei-mir Bedürfnis
Ich brauche ...

tabib	einen Arzt
bolla	eine Briefmarke
kamra	ein Zimmer
mappa tal-belt	einen Stadtplan
għajnuna	Hilfe

Qed infittex ... Ich suche ...

Qed infittex ...
ich-stellend ich-suche
Ich suche ...

sptar	ein Krankenhaus
spiżerija	eine Apotheke
uffiċċju tal-posta	ein Postamt
lukanda	ein Hotel
tojlit	eine Toilette

Għandek ...? Haben Sie ...?

Għandek ...?
bei-du
Hast du ...? / Haben Sie ...?

Es gibt im Malti keine Sie-Form.

frott – ħxejjex	Obst – Gemüse
ġobon	Käse
inbid	Wein
laħam	Fleisch
perżut	Schinken
ġuħ – għatx	Hunger – Durst
fjuri	Blumen
biljetti	Fahrkarten
bolli	Briefmarken
karta	Papier
flus – żgħar	Geld – Kleingeld
uġigħ	Schmerzen
ulied	Kinder

Fejn hu/hi ...? Wo ist ...?

Fejn hu/hi ...?
wo er(-ist)/sie(-ist)
Wo ist ...?

l-ajruport *(m)*	der Flughafen
il-port *(m)*	der Hafen
il-vapur *(m)*	die Fähre
is-suq *(m)*	der Markt
it-teatru *(m)*	das Theater
il-lukanda *(w)* **...**	das Hotel ...
it-triq *(w)* **għal ...**	die Straße nach ...

Verwenden Sie **hu** *für ein männliches Hauptwort und* **hi** *für ein weibliches!*

Grammatikbezeichnungen

In den Bänden der Kauderwelsch-Reihe wird weitgehend auf lateinische Bezeichnungen verzichtet. Für diejenigen, die entweder nur die deutschen oder nur die lateinischen Bezeichnungen gelernt haben, hier eine kleine Orientierungshilfe:

Singular	Einzahl *(„Haus")*
Plural	Mehrzahl *(„Häuser")*
Artikel	Geschlechtswort *(„der", „die", „das")*
Substantiv	Hauptwort *(„Apfel", „Katze")*
Adjektiv	Eigenschaftswort *(„schön", „alt")*
Adverb	Umstandsbestimmung *(„gern", „immer")*
Verb	Tätigkeitswort *(„arbeiten", waschen")*
Präsens	Gegenwart *(„ich wasche")*
Futur	Zukunft *(„ich werde waschen")*
Imperfekt	einfache Vergangenheit *(„ich wusch")*
Perfekt	vollendete Gegenwart *(„ich habe gewaschen")*

Personal-pronomen	persönliches Fürwort *(„ich, du“)*
Demonstrativ-pronomen	hinweisendes Fürwort *(„dieser“, „jener“)*
Possessiv-pronomen	besitzanzeigendes Fürwort *(„mein“, „dein“)*
Reflexiv-pronomen	rückbezügliches Fürwort *(„ich wasche mich“)*
Konjunktion	Bindewort *(„und“, „aber“)*
Präposition	Verhältniswort *(„in“, „auf“)*

Gardiola

Hauptwörter & Artikel

Hauptwörter können männlich oder weiblich sein, es gibt jedoch nur einen Artikel, und zwar **l-.**

Der bestimmte Artikel und das Hauptwort werden mit einem Bindestrich verbunden.

l-indirizz die Adresse	**l-affari** die Angelegenheit

Beginnt ein Wort mit einem Mitlaut, lautet der Artikel **il-:**

il-karozza das Auto	**il-kamra** das Zimmer
il-lukanda das Hotel	**il-kotba** die Bücher

Trifft der Artikel auf ein Wort, das mit zwei Mitlauten beginnt, wovon der erste ein **m, n, s** oder **x** ist, wird vor das Hauptwort ein **i** eingefügt, und der Artikel bleibt **l-.**

skola	*„ßko-la"*	Schule
l-iskola	*„liß-kola"*	die Schule
nbid	*„mbied"*	Wein
l-inbid	*„lim-bied"*	der Wein
mħabba	*„mhhabb-ba"*	Liebe
l-imħabba	*„lim-hhabb-ba"*	die Liebe

Unbestimmte Artikel (ein, eine) gibt es nicht. Das Weglassen des bestimmten Artikels bezeichnet gleichzeitig die Unbestimmtheit eines Hauptwortes.

skola	*„ßko̱-la"*	eine Schule
lukanda	*„lu-kan-da"*	ein Hotel
raġel	*„ra-dschäl"*	ein Mann
mara	*„marra"*	eine Frau

Der bestimmte Artikel verschmilzt mit den sogenannten „Sonnenbuchstaben" **ċ, d, n, r, s, t, x, z** und **ż.**

iċ-ċavetta	*„itsch-tscha-wätt-ta"*	der Schlüssel
id-dar	*„id-daar"*	das Haus
in-numru	*„in-num-ru"*	die Nummer
ir-rota	*„ir-ro̱-ta"*	das Fahrrad
is-sħana	*„iß-ßhha-na"*	die Hitze
it-triq	*„it-tri-+"*	die Straße
ix-xemx	*„isch-schämsch"*	die Sonne
iz-zokkor	*„itz-tzokk-kor"*	der Zucker
iż-żibel	*„is-si̱-bäl"*	der Müll

Um Sie mit den vielfältigen Möglichkeiten der Mehrzahlbildung nicht unnötig zu verwirren, verzichte ich hier auf eine eingehende Darstellung. In der Wörterliste am Ende des Buches wird immer auch die Mehrzahlform angeführt. Am besten lernt man sie gleich mit.

Eigenschaftswörter

Eigenschaftswörter stehen immer hinter dem Hauptwort, auf das sie sich beziehen, und richten sich in Geschlecht (männlich/weiblich) und Zahl (Einzahl/Mehrzahl) nach diesem. Die männliche Form des Eigenschaftswortes ist die Ursprungsform. Sie endet in der Regel mit einem Mitlaut oder auf **-i.** Weiblich wird das Eigenschaftswort durch Anhängen von **-a** bzw. **-ja** (wenn die männliche Form mit einem Selbstlaut endet).

m	w	Mz	
fqir	**fqira**	**fqar**	arm
kbir	**kbira**	**kbar**	groß
żgħir	**żgħira**	**żgħar**	klein
ġdid	**ġdida**	**ġodda**	neu
sabiħ	**sabiħa**	**sbieħ**	schön

karozza żgħira
Auto klein
ein kleines Auto

kamra sabiħa
Zimmer schön
ein schönes Zimmer

raġel fqir
Mann arm
ein armer Mann

kotba ġodda
Bücher neue
neue Bücher

siġar kbar
Bäume groß
große Bäume

Soll ein Eigenschaftswort einen bestimmten Gegenstand oder eine bestimmte Person genauer beschreiben, bekommt es ebenfalls den Artikel. Das **i** von **il-** entfällt dabei, wenn das Hauptwort vor dem Artikel des Eigenschaftswortes mit einem Selbstlaut endet:

il-karozza ż-żgħira
die-Auto die-kleine
das kleine Auto

is-siġar il-kbar
die-Bäume die-großen
die großen Bäume

il-ktieb il-kbir
das große Buch

il-kotba l-kbar
die großen Bücher

Steht der Artikel nur vor dem Hauptwort, handelt es sich um einen Satz, der im Deutschen mit dem Tätigkeitswort „sein" übersetzt wird.

Die persönlichen Fürwörter werden manchmal in einer verkürzten Fassung wiederholt und dienen als Ersatz für das nicht vorhandene Tätigkeitswort „sein".

Il-karozza (hi) żgħira.
die-Auto (sie-ist) klein
Das Auto ist klein.

Is-siġar (huma) kbar.
die-Bäume (sie-sind) groß
Die Bäume sind groß.

Taucht in einem solchen Satz ein zweites Eigenschaftswort auf, sieht die Sache so aus:

Il-karozza ż-żgħira hija ħamra.
die-Auto die-kleine sie(-ist) rot
Das kleine Auto ist rot.

Is-siġar il-kbar huma ħodor.
die-Bäume die-großen sie(-sind) grüne
Die großen Bäume sind grün.

wichtige Eigenschaftswörter

	m	w	Mz
falsch, schlecht	**ħażin**	**ħażina**	**ħżiena**
gut	**tajjeb**	**tajba**	**tajbin**
schwierig	**diffiċli**		
einfach	**faċli**		
billig	**rħis**	**rħisa**	**rħas**
teuer, hoch	**għoli**	**għolja**	**għoljin**
niedrig	**baxx**	**baxxa**	**baxxi**
ganz	**sħiħ**	**sħiħa**	**sħaħ**
schwach	**dgħajjef**	**dgħajfa**	**dgħajfin**
alt, antik	**qadim**	**qadima**	**qodma**
neu	**ġdid**	**ġdida**	**ġodda**
alt	**xiħ**	**xiħa**	**xjuħ**
jung	**żagħżugħ**	**żagħżugħa**	**żgħażagħ**
glücklich	**ferħan**	**ferħana**	**ferħanin**
traurig	**mdejjaq**	**mdejqa**	**mdejqin**
eng	**dejjaq**	**dejqa**	**dojoq**
weit	**wiesa'**	**wiesgħa**	**wesgħin**
hässlich	**ikrah**	**kerha**	**koroh**
schön	**sabiħ**	**sabiħa**	**sbieħ**
lang	**twil**	**twila**	**twal**
warm	**sħun**	**sħuna**	**sħan**
heiß	**jaħraq**	**taħraq**	**jaħarqu**
kalt	**kiesaħ**	**kiesħa**	**kesħin**
müde	**għajjien**	**għajjiena**	**għajjenin**

Mit Hilfe dieser Liste kann man schon jede Menge nützlicher Sätze bilden. Am wichtigsten sind **ħafna** (viel/sehr) oder **aktar** (mehr). Mit **ħafna** oder **ħafna ħafna** wird jedes Eigenschaftswort vervielfältigt.

Farben

abjad	bajda	bojod	weiß
iswed	sewda	suwed	schwarz
isfar	safra	sofor	gelb
aħmar	ħamra	ħomor	rot
aħdar	ħadra	ħodor	grün
ikħal	kaħla	koħol	blau
ismar	samra	somor	braun

Comino

Steigern & Vergleichen

Das Eigenschaftswort kennt zwei Steigerungsmöglichkeiten (Komparativ, Superlativ). Diese helfen dabei, die verschiedenen Qualitäten eines Hauptwortes mit einem anderen zu vergleichen.

Malta sabiħa.
Malta schöne(w)
Malta ist schön.

Malta isbaħ mill-Ġermanja.
Malta schöner als+die-Deutschland
Malta ist schöner als Deutschland.

Malta hi l-isbaħ gżira tad-dinja.
Malta sie(-ist) die-schönste Insel von+die-Welt
Malta ist die schönste Insel der Welt.

Valletta

Die häufiger benutzten Eigenschaftswörter beginnen in der 1. Steigerungsstufe (Komparativ) mit einem Selbstlaut. Die 2. Steigerungsstufe (Superlativ) erhält zusätzlich den bestimmten Artikel **l-**.

normal	1. Stufe	2. Stufe	
dejjaq	**idjaq**	**l-idjaq**	*eng*
għoli	**ogħla**	**l-ogħla**	*hoch*
ħafif	**eħfef**	**l-eħfef**	*leicht*
kbir	**akbar/ikbar**	**l-akbar/l-ikbar**	*groß*
nieqes	**anqas/inqas**	**l-anqas/l-inqas**	*wenig*
oħxon	**eħxen**	**l-eħxen**	*fett, dick*
qasir	**iqsar**	**l-iqsar**	*kurz*
qrib	**eqreb**	**l-eqreb**	*nah*
qadim	**eqdem**	**l-eqdem**	*alt (Gegenstände)*
tajjeb	**itjeb**	**l-itjeb**	*lecker, gut (Essen)*
xiħ	**ixjaħ**	**l-ixjaħ**	*alt (Lebewesen)*
żgħir	**iżgħar**	**l-iżgħar**	*klein*

Zwei unregelmäßig gesteigerte Eigenschaftswörter sind:

normal	1. Stufe	2. Stufe	
ħażin	**agħar**	**l-agħar**	*schlecht*
tajjeb	**aħjar/aqwa**	**l-aħjar/l-aqwa**	*gut*

Andere Eigenschaftswörter, die dem oben aufgeführten Schema nicht folgen können, werden gesteigert, in dem **iktar/aktar/iżjed** im Komparativ und **l-iktar/l-aktar/l-iżjed** im Superlativ davorgesetzt wird.

importanti	wichtig
iktar importanti	wichtiger
l-iktar importanti	am wichtigsten
pulit	sauber
iżjed pulit	sauberer
l-iżjed pulit	am saubersten

Din il-libsa hi aktar pulita mill-oħra.
diese die-Kleid sie mehr ordentlich von+die-andere
Dieses Kleid ist sauberer als das andere.

Din il-libsa hi l-iżjed pulita.
diese die-Kleid sie der-am-meisten sauber(w)
Dieses Kleid ist das sauberste.

Rabat, Gozo

Dieses & Jenes

Die hinweisenden Fürwörter (Demonstrativpronomen) „dieser" und „jener" richten sich in Zahl und Geschlecht nach dem dazugehörigen Hauptwort. Sie stehen immer vor dem jeweiligen Hauptwort und werden mit diesem durch einen Bindestrich verbunden.

dan *(m)*	dieser	**dak** *(m)*	jener
din *(w)*	diese	**dik** *(w)*	jene
dawn *(Mz)*	diese	**dawk** *(Mz)*	jene

Werden die hinweisenden Fürwörter zusammen mit einem Artikel verwendet, verschmilzen diese wie folgt:

dan il- / dawn il-	wird zu	**dal-**
din il-	wird zu	**dil-**

dal-bieb
diese Tür

dil-mara
diese Frau

Persönliche Fürwörter & „sein“

Die persönliche Fürwörter (Personalpronomen) lauten:

jiena	ich	**aħna**	wir
inti	du	**intom**	ihr
huwa	er	**huma**	sie (Mz)
hija	sie		

Es gibt im Maltesischen keine Höflichkeitsform. In der Regel redet man sich mit „du“ und dem Vornamen an. Ansonsten gilt **Sinjur** (Herr) oder **Sinjura** (Frau) als Anredetitel. Trotzdem wird „geduzt“.

Im Maltesischen gibt es kein Tätigkeitswort für „sein“ in der Gegenwart. Kombiniert man die persönlichen Fürwörter mit einer Satzergänzung (Objekt) wird dies im Deutschen als ein Satz mit „sein“ übersetzt.

Das persönliche Fürwort müsste im Maltesischen eigentlich wiederholt werden bzw. zumindest eine verkürzte Form davon, z. B.:

jiena jien	ich bin
inti int	du bist
huwa hu	er ist
hija hi	sie ist

Jiena (jien) Ġermaniż/Ġermaniża.
ich (ich) Deutscher/Deutsche
Ich bin Deutsche/r.

Praktisch jedoch wird das persönliche Fürwort nicht wiederholt:

Inti Ingliż/Ingliża.
Du bist Engländer/in.

Huwa Malti.
Er ist Malteser.

Hija Maltija.
Sie ist Malteserin.

Aħna ferħanin.
Wir sind glücklich.

Intom għajjenin.
Ihr seid müde.

Huma ġodda.
Sie sind neu.

Taucht in einem Satz hinter einem Hauptwort das Fürwort auf, steht es für „sein":

Malta hija gżira sabiħa.
Malta sie Insel schön
Malta ist eine schöne Insel.

Il-gżira hija sabiħa.
die-Insel sie schön
Die Insel ist schön.

Verneinung

Die persönlichen Fürwörter werden verneint, indem man **ma** davorsetzt und **-x** anhängt, wobei sich **ma** zu **m'** verkürzt, wenn ihm ein Selbstlaut, **għ** oder ein (stummes) **h** folgt. Das **-x** steht übrigens für **xejn** (nichts).

In der Wort-für-Wort-Übersetzung wird **ma** bzw. **m'** mit N_1 und **-x** mit N_2 wiedergegeben.

m’iniex	ich bin nicht
m’intix	du bist nicht
m’hux	er ist nicht
m’hix	sie ist nicht
m’aħniex	wir sind nicht
m’intomx	ihr seid nicht
m’humiex	sie sind nicht

Jiena Ġermaniża, m’iniex Maltija.
ich Deutsche N_1*’ich-*N_2 *Malteserin*
Ich bin Deutsche, keine Malteserin.

Aħna Maltin, m’aħniex Taljani.
wir Malteser N_1*’wir-*N_2 *Italiener*
Wir sind Malteser, keine Italiener.

San Anton Gardens

Haben

Auch das Tätigkeitswort „haben" ist im Maltesischen eine Ausnahmeerscheinung, weil es ebenfalls nicht existiert. Jedenfalls nicht in der Gegenwart. Also behilft man sich mit einer Ersatzkonstruktion und bildet die Gegenwart mit dem Verhältniswort **għand** (zu, bei) und den für die entsprechenden Personen üblichen Personalendungen.

Gegenwart

għandi	ich habe
għandek	du hast
għandu	er hat
għandha	sie hat
għandna	wir haben
għandkom	ihr habt
għandhom	sie haben

Vergangenheit

kelli	ich hatte
kellek	du hattest
kellu	er hatte
kellha	sie hatte
kellna	wir hatten
kellkom	ihr hattet
kellhom	sie hatten

Għandi l-ġuħ.
bei-ich der-Hunger
Ich habe Hunger.

Għandu l-għatx.
bei-er der-Durst
Er hat Durst.

In der Verneinung entfällt der Artikel.

M'għandhomx ġuħ/għatx.
N_1'bei-sie-N_2 Hunger/Durst
Sie haben keinen Hunger/Durst.

Kelli l-ġuħ.
ich-hatte der-Hunger
Ich war hungrig.

Ma kellux ġuħ.
N_1'er-hatte-N_2 Hunger
Er war nicht hungrig.

Kell kommt von **kien** (er war) und dem Verhältniswort **lil** (für, zu). Wird hinter **kell** + Endung ein Tätigkeitswort angefügt, bedeutet es „müssen“.

Kellek taħdem.
Du musstest arbeiten.

Kelli nitkellem bil-Malti.
Ich musste Maltesisch sprechen.

Wem? oder Wen?

In der maltesischen Sprache werden an Tätigkeitswörter, Hauptwörter und Verhältniswörter Endungen angehängt. Durch diese Nachsilben werden die Besitz- und Zugehörigkeitsverhältnisse geklärt. Oft wird erst durch sie der Sinn eines Satzes deutlich.

Es gibt Fürwort-Endungen für direkte und indirekte Satzergänzungen (Objekte).

indirekte Satzergänzungen

Für indirekte Satzergänzungen lauten die Personal-Endungen: **-li, -lek,-lu, -(i)lha, -(i)lna, -(i)lkom, -(i)lhom.** Das **-i-** wird nur dann gebraucht, wenn das Tätigkeitswort mit einem Mitlaut endet.

Ġanni kitbilha ittra.
Johannes er-schrieb-zu-ihr Brief
Johannes schrieb ihr einen Brief.

Tefagħli ġebla.
er-schmiss-zu-mir Stein
Er schmiss einen Stein nach mir.

direkte Satzergänzungen

An Tätigkeitswörter, die mit einem Mitlaut enden, werden die folgenden Endungen angehängt: **-ni, -ek, -u, -ha, -na, -kom, -hom.**

sab (finden)	er fand
sabni	er fand mich
sabek	er fand dich
sabu	er fand ihn
sabha	er fand sie
sabna	er fand uns
sabkom	er fand euch
sabhom	er fand sie

Die Endungen für Tätigkeitswörter, die mit einem Selbstlaut enden, lauten **-ni, -k, -h, -ha, -na, -kom, -hom.**

ra (sehen)	er sah
rani	er sah mich
rak	er sah dich
rah	er sah ihn
raha	er sah sie
rana	er sah uns
rakom	er sah euch
rahom	er sah sie

raw	sie sahen
rawni	sie sahen mich
rawk	sie sahen dich
rawh	sie sahen ihn
rawha	sie sahen sie
rawna	sie sahen uns
rawkom	sie sahen euch
rawhom	sie sahen sie

Ġanni kitibhom ħażin.
Johannes er-schrieb-sie(Mz) falsch
Johannes schrieb sie falsch.

Tawh daqqa ta' ħarta.
sie-gaben-ihm Schlag von Ackerfurche
Sie gaben ihm eine Ohrfeige.

Endungen für Verhältniswörter

An Verhältniswörter (Präpositionen), die mit einem Mitlaut enden, z. B. **lil** (für) werden angehängt: **-i; -ek; -u; -ha; -na; -kom; -hom.**

lili	für mich
lilek	für dich
lilu	für ihn
lilha	für sie
lilna	für uns
lilkom	für euch
lilhom	für sie

An Verhältniswörter, die mit einem Selbstlaut enden, zum Beispiel **bi** (mit) werden angehängt: **-ja; -k; -h; -ha; -na; -kom; -hom.**

bija	mit mir
bik	mit dir
bih	mit ihm
biha	mit ihr
bina	mit uns
bikom	mit euch
bihom	mit ihnen

Mein & Dein

Die besitzanzeigenden Fürwörter (Possessivpronomen) werden mit Hilfe des Verhältniswortes **ta'** (von) und der entsprechenden Endung ausgedrückt:

ta' min?	wessen?
tiegħi	von mir/mein
tiegħek	von dir/dein
tiegħu	von ihm/sein
tagħha	von ihr/ihr
tagħna	von uns/unser
tagħhom	von euch/euer
tagħkom	von ihnen/ihr

An diesem Beispiel sieht man, dass **a** häufig zu **ie** wird. Das passiert auch bei Tätigkeits- und Hauptwörtern, an die Endungen angehängt werden. Also nicht wundern, wenn plötzlich anstelle eines **a** ein **ie** auftaucht!

Auch das besitzanzeigende Fürwort steht hinter dem Hauptwort, das mit dem bestimmten Artikel gebraucht wird.:

il-ktieb tiegħi
das-Buch von-ich
mein Buch

il-ktieb tiegħek
das-Buch von-du
dein Buch

il-karozza tiegħu
das-Auto von-er
sein Auto

iċ-ċavetta tagħna
der-Schlüssel von-wir
unser Schlüssel

Nur an Hauptwörter, die Verwandte und Körperteile bezeichnen, werden folgende Endungen angehängt, um ein Besitzverhältnis auszudrücken: **-i; -ek/ok; -u; -ha; -na; -kom; -hom.**

omm	Mutter
ommi	meine Mutter
ommok	deine Mutter
ommu	seine Mutter
ommha	ihre Mutter
ommna	unsere Mutter
ommkom	eure Mutter
ommhom	ihre *(Mz)* Mutter

sieq	Fuß
sieqi	mein Fuß
sieqek	dein Fuß
siequ	sein Fuß
sieqha	ihr Fuß
sieqna	unser Fuß
sieqkom	euer Fuß
sieqhom	ihr *(Mz)* Fuß

idejn	Hände
idejja	meine Hände
idejk	deine Hände
idejh	seine Hände
idejha	ihre Hände
idejna	unsere Hände
idejkom	eure Hände
idejhom	ihre *(Mz)* Hände

Tätigkeitswörter & Zeiten

Maltesische Tätigkeitswörter haben keine Grundform (Infinitiv). Anstelle der Grundform wird die 2. Person Einzahl („du“) der Gegenwart angegeben. Gebildet werden die Tätigkeitswörter jedoch mit Hilfe des Stammes und der Stammmitlaute.

Als Stamm nimmt man die 3. Person Einzahl männlich (also „er“) in der Vergangenheit.

Davon ausgehend werden – wie auch im Arabischen und anderen semitischen Sprachen – alle Formen eines Tätigkeitswortes gebildet, weshalb es sich empfiehlt, zuerst die Vergangenheitsform zu lernen.

Gedenktafel am Präsidentenpalast in Valletta zur Gründung der Republik Malta

Bei **għamel** (er machte) beispielsweise sind die Stammmitlaute **għ, m** und **l.** Die Mitlaute des Stammes verändern nie ihre Reihenfolge – egal in welcher Form sich das Tätigkeitswort befindet! Das heißt, selbst wenn es durch Beugen (Konjugieren) seine Form verändert, behalten diese Mitlaute ihren angestammten Platz. Das Verändern, Wegfallen oder Hinzufügen von Selbstlauten jedoch ist keine Seltenheit.

Vergangenheit

Der Stamm (3. Person Einzahl Vergangenheit) lässt sich im Deutschen mit der einfachen Vergangenheit (Imperfekt) oder der vollendeten Gegenwart (Perfekt) übersetzen.

ħadem	er arbeitete, er hat gearbeitet
bidel	er wechselte, er hat gewechselt
għamel	er machte, er hat gemacht

Bei **ħadem** sind die Stammmitlaute **ħ-d-m,** bei **bidel** sind sie **b-d-l** und bei **għamel** sind sie **għ-m-l.**

Für die Beugung in der Vergangenheit werden folgende Personal-Endungen, die übrigens für alle Tätigkeitswörter gleich sind, an den Stamm angehängt:

-t	ich	**-na**	wir
-t	du	**-tu**	ihr
-et	sie	**-u**	sie (Mz)

jiena ħdimt	ich arbeitete, ich habe gearbeitet
inti ħdimt	du arbeitetest, du hast gearbeitet
huwa ħadem	er arbeitete ...
hija ħadmet	sie arbeitete ...
aħna ħdimna	wir arbeiteten ...
intom ħdimtu	ihr arbeitetet ...
huma ħadmu	sie arbeiteten ...

jiena bdilt	ich wechselte, ich habe gewechselt
inti bdilt	du wechseltest, du hast gewechselt ...
huwa bidel	er wechselte ...
hija bidlet	sie wechselte ...
aħna bdilna	wir wechselten ...
intom bdiltu	ihr wechseltet ...
huma bidlu	sie wechselten ...

jiena għamilt	ich machte, ich habe gemacht
inti għamilt	du machtest, du hast gemacht
huwa għamel	er machte ...
hija għamlet	sie machte ...
aħna għamilna	wir machten ...
intom għamiltu	ihr machtet ...
huma għamlu	sie machten ...

Jetzt sind schon Regelmäßigkeiten zu erkennen: Die 1. und 2. Person Einzahl und Mehrzahl lassen den ersten Selbstlaut weg. Ausnahmen sind Tätigkeitswörter, deren erster Buchstabe **għ** oder **w** ist. In diesen beiden Fällen entfällt der erste Selbstlaut nicht.

Die 3. Person Einzahl weiblich und die 3. Person Mehrzahl verzichten auf den zweiten Selbstlaut.

Ohne Selbstlaute, aber mit Endungen, sieht das so aus:

	Einzahl	Mehrzahl
3. Person *(m)*	**ħ-d-m**	**ħ-dmu**
	b-d-l	**b-dlu**
	għ-m-l	**għ-mlu**
3. Person *(w)*	**ħ-dmet**	
	b-dlet	
	għ-mlet	
2. Person	**ħd-mt**	**ħd-mtu**
	bd-lt	**bd-ltu**
Ausnahme!	**għ-m-lt**	**għ-m-ltu**
1. Person	**ħd-mt**	**ħd-mna**
	bd-lt	**bd-lna**
Ausnahme!	**għ-m-lt**	**għ-m-lna**

Malteser sind zutiefst beeindruckt, wenn jemand die richtige Platzierung des **għ** *kennt. Wenn es sich dabei auch noch um einen Ausländer handelt, wird diesem ehrliche Bewunderung zuteil, weil sie die Stellung des* **għ** *als äußerst schwierig empfinden.*

Versucht man diese Bruchstücke jetzt zu lesen, ist festzustellen, dass man der korrekten Form vom Klang her bereits sehr nahe kommt.

Da die gebeugten Tätigkeitswörter bereits die Information über die handelnde Person beinhalten, ist es nicht erforderlich, das persönliche Fürwort zu ergänzen. Um Missverständnissen vorzubeugen, kann man es jedoch tun. Vor allem in der 1. und 2. Person

Einzahl, wo beide Formen identisch sind, ist dies sinnvoll:

jiena għamilt	ich habe gemacht
inti għamilt	du hast gemacht

Da, wo die Betonung von der ersten Silbe auf die zweite wandert, wird das **-e** des Stammes zu **-i.**

Befehlsform

Ausgehend vom Stamm des Tätigkeitswortes ist es sehr einfach, die Gegenwart zu bilden. Wichtig sind wieder die drei Mitlaute **ħ-d-m** oder **għ-m-l** (**għ** zählt als einer!). Bevor ich jetzt aber die Gegenwartsform erkläre, kann erst einmal die Befehlsform (Imperativ) gebildet werden:

Imperativ Einzahl		Imperativ Mehrzahl	
aħdem	arbeite!	**aħdmu**	arbeitet!
ibdel	wechsle!	**ibdlu**	wechselt!
agħmel	mach!	**agħmlu**	macht!

Hier wandert der erste Selbstlaut vor den ersten Mitlaut des Tätigkeitswortes. In der Mehrzahl entfällt der zweite Selbstlaut des Wortes und hinten wird **-u** angehängt. Die Mitlaute behalten wie immer ihre Reihenfolge.

Gegenwart

Um die Gegenwartsformen zu bilden, setzt man vor diese beiden Befehlsformen nun die Vorsilben, die für die entsprechende Person stehen:

n-	ich	**n-**	wir
t-	du	**t-**	ihr
j-	er	**j-**	sie
t-	sie		

Einzahl (aħdem)	
(jiena) naħdem	ich arbeite
(inti) taħdem	du arbeitest
(huwa) jaħdem	er arbeitet
(hija) taħdem	sie arbeitet
Mehrzahl (aħdmu)	
(aħna) naħdmu	wir arbeiten
(intom) taħdmu	ihr arbeitet
(huma) jaħdmu	sie arbeiten

Einzahl (ibdel)	
jiena nibdel	ich wechsle
inti tibdel	du wechselst
huwa jibdel	er wechselt
hija tibdel	sie wechselt
Mehrzahl (ibdlu)	
aħna nibdlu	wir wechseln
intom tibdlu	ihr wechselt
huma jibdlu	sie wechseln

Wird das persönliche Fürwort für „du“ oder „sie“ nicht benutzt, ist der Satzzusammenhang ausschlaggebend für den Sinn.

Einzahl (agħmel)	
jiena nagħmel	ich mache
inti tagħmel	du machst
huwa jagħmel	er macht
hija tagħmel	sie macht
Mehrzahl (agħmlu)	
aħna nagħmlu	wir machen
intom tagħmlu	ihr macht
huma jagħmlu	sie machen

In der Gegenwart sind wie in der Vergangenheit zwei Formen gleich. Daher können die persönlichen Fürwörter benutzt werden.

Für die Gegenwart und Vergangenheit wird jeweils die 1. Person Einzahl („ich“) angegeben.

Stamm	**Gegenwart**	**Vergangenh.**	
wieġeb	**nwieġeb**	**weġibt**	antworten
ftakar	**niftakar**	**ftakart**	erinnern
sab	**nsib**	**sibt**	finden
staqsa	**nistaqsi**	**staqsejt**	fragen
xtara	**nixtri**	**xtrajt**	kaufen
seta'	**nista'**	**stajt**	können
mexa	**nimxi**	**mxejt**	laufen
għex	**ngħix**	**għext**	leben
qara	**naqra**	**qrajt**	lesen
xtaq	**nixtieq**	**xtaqt**	möchten
fetaħ	**niftaħ**	**ftaħt**	öffnen
raqad	**norqod**	**rqadt**	schlafen
għalaq	**nagħlaq**	**għalaqt**	schließen
tkellem	**nitkellem**	**tkellimt**	sprechen
fittex	**nfittex**	**fittixt**	suchen
xorob	**nixrob**	**xrobt**	trinken
nesa	**ninsa**	**nsejt**	vergessen
ried	**rrid**	**ridt**	wollen

Zukunft

Es gibt im Malti keine eigenen Verbformen für das Futur. Um die Zukunft auszudrücken, wird in der Regel die Gegenwartsform benutzt.

Għada (se) mmur Għawdex.
morgen (werde) ich-gehe Gozo
Morgen fahre ich nach Gozo.

Pitgħada (se) nerġa' niġi.
übermorgen (werde) ich-wieder ich-komme
Übermorgen komme ich wieder.

Trotzdem bestehen verschiedene Möglichkeiten, auf die Zukunft eines Ereignisses hinzuweisen. Behilflich sind dabei kleine Partikel, die vor das Tätigkeitswort in der Gegenwart gesetzt werden:

se(jjer)

Meta se tiġi?
wann wirst du-kommst
Wann wirst du kommen?

Jiena se niekol.
ich werde ich-esse
Ich werde essen.

In der gesprochenen Sprache wird man an Stelle von **se** oft **sa** oder **ħa** hören:

X'sa nagħmlu?
was-werden wir-machen
Was werden wir machen?

(Jiena) ħa nikteb ittra.
(ich) werde ich-schreibe Brief
Ich werde einen Brief schreiben.

Mittelwort der Gegenwart

Ganz kurz nur möchte ich auf eine sehr häufig zu hörende Form des Mittelworts der Gegenwart (Partizip Präsens), mit dem ein gerade stattfindendes Geschehen ausgedrückt wird, eingehen: **sejjer** (gehend).

Es kommt vom Tätigkeitswort **sar** (gehen, laufen, fahren), das nur noch als Mittelwort der Gegenwart vorkommt und als solches wie ein Eigenschaftswort behandelt wird, das sich in Zahl und Geschlecht nach der handelnden Person richtet.

Fejn sejjer? *wohin gehender(m)*	Wohin gehst du (m)/ geht er?
Fejn sejra? *wohin gehende(w)*	Wohin gehst du (w)/ geht sie?
Fejn sejrin? *wohin gehende(Mz)*	Wohin gehen wir/ geht ihr/gehen sie?

Sejjer id-dar.	Ich (m) gehe/er geht nach Hause.
Sejra d-dar.	Ich (w) gehe/sie geht nach Hause.
Sejrin id-dar.	Wir/sie gehen nach Hause.

Sehr oft, z. B. wenn jemand gerufen wird, hört man auch die vom Tätigkeitswort **ġie** (kommen) abgeleiteten Formen:

ġej *kommender(m)*	Ich (m) komme. / Er kommt.
ġejja *kommende(w)*	Ich (w) komme. / Sie kommt.
ġejjin *kommende(Mz)*	Wir/sie kommen.

Werbeplakat zum Oktoberfest, Rabat

Verneinung

Verneint wird im Malti mit einer Kombination aus dem Wörtchen **ma** (bzw. **m'**, wenn ein Selbstlaut oder **h** folgt) und der Nachsilbe **-x.** **-x** steht für **xejn** (nichts). In der Wort-für-Wort-Übersetzung wird **ma** bzw. **m'** mit N_1 und **-x** mit N_2 wiedergegeben.

Bei der Verneinung wandert die Betonung nach hinten, wenn ein Tätigkeitswort mehr als eine Silbe hat.

positiv	verneint	
għandù	**m'għandùx**	er hat nicht
norqod	**ma norqòdx**	ich schlafe nicht
ħaseb	**ma ħasìbx**	er dachte nicht
nieklu	**ma niklùx**	wir essen nicht
mort	**ma mortx**	ich ging nicht
sema'	**ma semàx**	er hörte nicht
mexa	**ma mexìex**	er lief nicht

Kilt xi ħaġa?
du-aßest was Sache
Hast du etwas gegessen?

Le, ma kiltx.
nein N_1 *ich-aß-*N_2
Nein, ich habe nicht gegessen.

Le, ma kilt xejn.
nein, N_1 *ich-aß nichts*
Nein, ich habe nichts gegessen.

Verneinung mit mhux

Ganz häufig wird **mhux** benutzt. In Verbindung mit Eigenschaftswörtern oder Mittelwörtern (Partizipien) entspricht es unserem „nicht“ oder der Vorsilbe „un-“.

Kif inti?
wie du
Wie geht es dir?

Mhux ħażin.
nicht-er-ist-nicht schlecht
Nicht schlecht.

Dan l-ilma mhux tajjeb għax-xorb!
dieses das-Wasser nicht-er-ist-nicht gut zum-Trinken
Kein Trinkwasser!

verneinte Befehlsform

tinsiex!	vergiss nicht!
tinsewx!	vergesst nicht!
tpejjipx!	rauch nicht!, Rauchen verboten!
tpejpux!	raucht nicht!
tidgħix!	fluch nicht!
tidgħux!	flucht nicht!
tidħolx!	tritt nicht ein!, Eintritt verboten!
tidħlux!	tretet nicht ein!
tigdibx!	lüg nicht!
tigdbux!	lügt nicht!
tixrobx!	trink nicht!
tixorbux!	trinkt nicht!

Es gibt verneinte Befehlsformen, bei denen entfällt das **ma.**

Fragen

Fragesätze unterscheiden sich nicht durch die Satzstellung. Einen Fragesatz erkennt man an der Betonung: Man hebt die Stimme am Ende des Satzes oder des Wortes.

Noħorġu?
wir-gehen-aus
Gehen wir aus?

Fragewörter stehen am Satzanfang.

min?	wer?
xi?	was?
fejn?	wo/wohin?
minn fejn?	woher?
kif?	wie?
meta?	wann?
kemm?	wie viel?
għaliex?	warum?
għalfejn?	wofür?
liema?	welche?

Min hemm?
wer da
Wer ist da?

Xi trid?
was du-willst
Was möchtest du?

Fejn huma l-kotba?
wo sie die-Bücher
Wo sind die Bücher?

Minn fejn inti?
von wo du
Woher bist du?

Wegweiser nach Mdina

Kif inti?
wie du
Wie geht es dir?

Meta tiġi?
wann du-kommst
Wann kommst du?

Kemm huma?
wieviele sie
Wie viele sind sie (es)?

Liema triq?
welche Straße
Welche Straße?

Għaliex ma tiġix?
warum N_1 du-kommst-N_2
Warum kommst du nicht?

Bindewörter

Die Bindewörter (Konjunktionen) werden im Prinzip wie im Deutschen verwendet.

u	und
jew	oder
biss	nur
biex	um zu
imma, iżda	aber
għaliex, għax	weil
imbagħad	dann, danach
wara	danach, nachher, hinterher
kieku	wenn, falls
jekk	wenn
għalkemm	obwohl
bħallikieku	als ob
ħlief, għajr	außer, außerdem, sondern

In diesem Zusammenhang sind auch folgende Umstandsbestimmungen nützlich:

ukoll	auch
ħafna	viel, sehr
malajr	schnell
dejjem	immer
għad	noch
jiġifieri	nämlich
darb'oħra	wieder, noch mal

hekk	so
ftit	wenig
bil-mod	langsam
qatt	nie, niemals
ġa, diġà	schon
mill-ġdid	von neuem, wieder

Fischmarkt, Marsaxlokk

Verhältniswörter

Verhältniswörter (Präpositionen) sind in allen Sprachen die Wörter, die am schwierigsten zu lernen sind, da sie keine einheitliche Übersetzung haben. Diese Wörter werden nichtsdestotrotz ständig gebraucht. Im Maltesischen können einige außerdem noch mit den bestimmten Artikeln und den persönlichen Fürwörtern verbunden werden.

barra	außerhalb
bejn*	zwischen
bħal*	wie
bi*	mit, bei
biswit*	neben, gegenüber
faċċata ta'*	gegenüber
fi*	in
f'nofs*	in der Mitte von
fost*	inmitten, unter
fuq*	oben, auf
ġo, ġewwa	drinnen
għal*	zu, für
għand*	bei, nach
ħdejn*	neben
lejn*	auf ... zu, nach ... hin
lil*	für, zu
madwar*	um ... herum
maġenb*	neben
ma'*	(zusammen) mit, an, gegen
minn*	von
qabel*	vor, bevor (zeitlich)

quddiem*	vor (räumlich)
sa	nach (räumlich), bis (räumlich/zeitlich)
ta'*	von (Besitz)
taħt*	unter, drunter
wara*	hinter, nach

An die mit * gekennzeichneten Verhältniswörter können zum Teil auch die Personal-Endungen angehängt werden:

għal	für
għalija	für mich
għalik	für dich
għalih	für ihn
għaliha	für sie
għalina	für uns
għalikom	für euch
għalihom	für sie

lil	zu/für
lili	zu mir/für mich
lilek	zu dir/für dich
lilu	zu ihm/für ihn
lilha	zu ihr/für sie
lilna	zu uns/für uns
lilkom	zu euch/für euch
lilhom	zu ihnen/für sie

Bei Wörtern, die mit einem einzelnen Mitlaut oder einem Selbstlaut beginnen, werden Verhältniswörter wie **bi** and **fi** zu **b'** und **f'**. Das Apostroph ersetzt das **-i:**

f'Malta	in Malta
b'ħalqi	mit meinem Mund

Ein Verhältniswort, verschmilzt mit dem Artikel, der vor dem Hauptwort steht:

fi	+	**l-**	wird zu	**fil-**
bi	+	**l-**	wird zu	**bil-**
ta'	+	**l-**	wird zu	**tal-**
ma'	+	**l-**	wird zu	**mal-**
għal	+	**l-**	wird zu	**għall-**
minn	+	**l-**	wird zu	**mill-**

fil-borma (aus **fi l-borma**)
im Kochtopf

bil-ħalib (aus **bi l-ħalib**)
mit (der) Milch

mill-Ġermanja (aus **minn il-Ġermanja**)
aus Deutschland

Natürlich kommen hier auch wieder die schon erwähnten Assimilationen zum Tragen: Die Vorsilbe **t** verschmilzt mit **ċ, d, ġ, s, x, z** und **ż,** das **l** des Artikels verschmilzt mit **ċ, d, n, r, s, t, x, ż** und **z,** der betreffende Buchstabe wird verdoppelt. Beginnt ein Wort mit einem der genannten Buchstaben, wird assimiliert:

Kollox isir biż-żmien.
Alles braucht seine Zeit.

Zahlen & Zählen

Wenn man zählt, lauten die maltesischen Zahlen wie folgt:

Zahlen von 1 bis 10

1	**wieħed** *(m)*	6	**sitta**
	waħda *(w)*	7	**sebgħa**
2	**tnejn**	8	**tmienja**
3	**tlieta**	9	**disgħa**
4	**erbgħa**	10	**għaxra**
5	**ħamsa**		

Gegenstände zählen von 1 bis 10

Werden Gegenstände gezählt, heißen die Zahlen bei einem mehrsilbigen Hauptwort:

1	**wieħed** *(m)*	6	**sitt**
	waħda *(w)*	7	**seba'**
2	**żewġ**	8	**tmien**
3	**tliet**	9	**disa'**
4	**erba'**	10	**għaxar**
5	**ħames**		

erba' fliexken
vier Flaschen

ħames siġriet
fünf Bäume

għaxar bajdiet
zehn Eier

Mit einsilbigem Hauptwort (wobei ihm vorn ein **i** angefügt wird) lauten die Zahlen:

1	**wieħed** *(m)*	6	**sitt**
	waħda *(w)*	7	**sebat**
2	**żewġt**	8	**tmint**
3	**tlitt**	9	**disat**
4	**erbat**	10	**għaxart**
5	**ħamest**		

żewġt itfal
zwei Kinder

erbat iklieb
vier Hunde

disat ifniek
neun Hasen

Zahlen von 11 bis 19

Die Zahlen von 11 bis 19 enden auf **-ax:**

11	**ħdax**	16	**sittax**
12	**tnax**	17	**sbatax**
13	**tlettax**	18	**tmintax**
14	**erbatax**	19	**dsatax**
15	**ħmistax**		

Zählt man Gegenstände, so wird hinter die Zahlen dieser Tabelle ein **-il** angehängt. Der gezählte Gegenstand erscheint in der Einzahl:

ħdax-il tuffieħa	elf Äpfel
tmintax-il sena	18 Jahre
dsatax-il elf	19000

Zahlen von 20 bis 90

20	**għoxrin**	60	**sittin**
30	**tletin**	70	**sebgħin**
40	**erbgħin**	80	**tmenin**
50	**ħamsin**	90	**disgħin**

Die Zehnerzahlen von 20-90 enden auf **-in.**

zusammengesetzte Zahlen

Die Einer und Zehner werden durch **u** (und) verbunden. Wie im Deutschen nennt man die Einer zuerst:

21	**wieħed u għoxrin**
32	**tnejn u tletin**
43	**tlieta u erbgħin**
54	**erbgħa u ħamsin**
65	**ħamsa u sittin**
76	**sitta u sebgħin**
87	**sebgħa u tmenin**
98	**tmienja u disgħin**
100	**mija**
102	**mija u tnejn**
121	**mija u wieħed u għoxrin**
200	**mitejn**
264	**mitejn u erbgħa u sittin**
1000	**elf**
2000	**elfejn**
5000	**ħamest elef**
11000	**ħdax-il elf**
24000	**erbgħa u għoxrin elf**
1.000.000	**miljun**

Die Zahlen eignen sich übrigens sehr gut, um die Aussprache zu üben, da alle schwierigen Laute vertreten sind!

Ordnungszahlen

Die Ordnungszahlen braucht man für die Datumsangabe.

1.	**l-ewwel**	6.	**is-sitta**
2.	**it-tieni**	7.	**is-seba'**
3.	**it-tielet**	8.	**it-tmienja**
4.	**ir-raba'**	9.	**id-disa'**
5.	**il-ħames**	10.	**l-għaxar**

Beachten Sie: Ab 10. und höher verwendet man die Grundzahlen mit dem bestimmten Artikel.

Mengenangaben

kwart	ein Viertel
ftit	ein bisschen
iżjed	mehr
żejjed	zu viel
kilo (u nofs)	ein(einhalb) Kilo
biċċa	ein Stückchen
biżżejjed	genug
inqas	weniger

Zeit & Datum

Im Folgenden zunächst die wichtigsten allgemeinen Zeitangaben.

allgemeine Zeitangaben

illum	heute
ilbieraħ	gestern
ilbiraħtlula	vorgestern
għada	morgen
pitgħada	übermorgen
l-għodwa t-tajba	guten Morgen
filgħodu	am Vormittag
wara nofs in-nhar	Nachmittag
filgħaxija	am Abend
il-lejl it-tajjeb	gute Nacht

Wochentage

In den Bezeichnungen der Wochentage lassen sich teilweise die Zahlen wiedererkennen.

it-Tnejn	Montag
it-Tlieta	Dienstag
l-Erbgħa	Mittwoch
il-Ħamis	Donnerstag
il-Ġimgħa	Freitag
is-Sibt	Samstag
il-Ħadd	Sonntag

Monate

Jannar	Januar
Frar	Februar
Marzu	März
April	April
Mejju	Mai
Ġunju	Juni
Lulju	Juli
Awissu	August
Settembru	September
Ottubru	Oktober
Novembru	November
Diċembru	Dezember

Datum

Für die Datumsangabe benutzt man die Ordnungszahlen, allerdings nur die von 1. bis 9.

l-Ewwel ta' Jannar
der-Erster von Januar
1. Januar

is-Sebgħa ta' Ġunju
der-Siebter von Juni
7. Juni

it-Tmienja ta' Diċembru
der-Achter von Dezember
8. Dezember

Achtung: Ab 10. und höher verwendet man wieder die Grundzahlen!

il-Ħmistax ta' Awissu
der-Fünfzehn von August
15. August

Jahreszeiten

ir-rebbiegħa	Frühling
is-sajf	Sommer
il-ħarifa	Herbst
ix-xitwa	Winter

ix-xahar d-dieħel
der-Monat der-eintretende
der folgende Monat

ix-xahar li għadda
der-Monat der ging
letzten Monat

il-ġimgħa d-dieħla
die-Woche die-eintretende
die folgende Woche

il-ġimgħa li għaddiet
die-Woche die ging
vergangene Woche

Uhrzeit

Nach der Uhrzeit fragt man im Maltesischen wie folgt:

X'ħin hu?
was'Zeit er
Wie spät ist es?

siegħa / sigħat	Stunde / Stunden
minuta / minuti	Minute / Minuten
sekonda / sekondi	Sekunde / Sekunden

Il-ħdax u kwart.
die-elf und viertel
Viertel nach elf.

Is-sebgħa u għoxrin.
die-sieben und zwanzig
Zwanzig nach sieben.

Saru t-tmienja u nofs.
sie-werden die-acht und halb
Es wird halb neun.

Id-disgħa u nofs ta' filgħodu.
die-neun und halb von Vormittag
Halb zehn am Vormittag.

Is-sebgħa nieqes kwart.
die-sieben weniger Viertel
Viertel vor sieben.

Is-sagħtejn nieqes ħames minuti.
die-zwei weniger fünf Minuten
Fünf Minuten vor zwei.

nofsinnhar	Mittag
il-kwarta	Viertel nach zwölf
kwarta	eine Viertelstunde
in-nofs siegħa	halb eins
is-siegħa	ein Uhr
is-siegħa u nofs	halb zwei
is-sagħtejn	zwei Uhr
nofs siegħa	eine halbe Stunde
nieqes/neqsa/neqsin	weniger
siegħa u nofs	eineinhalb Stunden
nofsillejl	Mitternacht

Farmhaus

Jimmy aus Bidnija

Malta und seine Bewohner

Auch wenn die Wurzeln der Sprache eventuell darauf hinzuweisen scheinen, sind die Malteser nicht muslimischen, sondern – seit ihrer legendären Bekehrung durch Paulus 60 nach Christus – katholischen Glaubens. Der Katholizismus prägt den gesamten Tages- und auch Lebensablauf.

Vor allem auf den Dörfern und bei älteren Menschen (aber nicht nur dort) gehört der tägliche Kirchgang unabdinglich dazu. Sehen und gesehen werden sowie der Austausch von Neuigkeiten sind neben dem religiösen Aspekt die wesentlichen Gründe, diese Tradition aufrechtzuerhalten. Selbst die Jugend beteiligt sich weitestgehend an dieser Konvention, auch wenn aus dem täglichen Besuch der Messe ein sonntäglicher geworden ist.

Die Kirche hat einen nicht zu unterschätzenden Einfluss auf die Bevölkerung. Ehen zum Beispiel werden kirchlich geschlossen, und es gibt keine Scheidung. Unter bestimmten Voraussetzungen kann eine Annulierung oder eine Separation erwirkt werden. Die Separation schließt eine kirchliche Wiederverheiratung aus. Unter der Labour-Regierung Dom Mintoffs, die bis 1987 auf den Inseln das Wort führte, wurde die standesamtliche Eheschließung eingeführt, von der allerdings nur selten Gebrauch gemacht wird. Der Zusammenhalt der Familien ist immer noch sehr stark, und nicht nur ein Mitglied der großen Verwandschaft würde sein Veto einlegen, wenn tatsächlich jemand aus dem Clan eine standesamtliche Trauung in Betracht ziehen würde.

Der Familienzusammenhalt ist die wichtigste Tradition, die sehr hochgehalten wird. Viele für uns seltsam anmutende Regeln bzw. das Fehlen solcher, ist auf diesen starken Familienzusammenhalt zurückzuführen. Nach dem Motto: „Eine Hand wäscht die andere." (oder vielleicht „Eine Krähe hackt der anderen kein Auge aus."?) wechseln nach wie vor Dinge wie Geld, Arbeitsplätze und auch Positionen in der Regierung sozusagen „unter dem Tisch" den Besitzer.

Es ist nicht üblich, dass Kinder das Elternhaus verlassen, bevor sie heiraten. Es kommt nicht selten vor, dass Männer oder Frauen, die keine Lust zum Heiraten hatten oder keinen Partner gefunden haben, bis ins mittlere Alter oder sogar, bis der letzte Elternteil gestorben ist, mit den Eltern in einem Haus wohnen. Für sie gibt es gar keinen Grund auszuziehen, ist es doch viel bequemer, die Mutter alles im Haus erledigen zu lassen.

In Malta ist „oben ohne" baden nicht erlaubt, nackt baden schon gar nicht. Inzwischen ist es allerdings nicht mehr so streng wie vor einigen Jahren noch. Ich kann mich gut erinnern, dass bei der Ankunft am Flughafen dem Pass kleine Zettelchen beigelegt wurden, auf denen darauf hingewiesen wurde, die Tradition der Inseln doch zu respektieren und sich nicht ohne Badekleidung am Strand aufzuhalten. Mittlerweile haben größere Hotels einen Privatstrand, an dem „oben ohne" toleriert wird. Falls Malteser ebenfalls dort sind, darf frau sich allerdings nicht wundern, wenn sie neugierig und langanhaltend von oben bis unten betrachtet wird.

Frauen sind in der maltesischen Gesellschaft der Mittelpunkt der Familie. Vor allem die Nannas, die Großmütter, scharen alle Familienmitglieder um sich. Während die jüngeren Frauen arbeiten gehen oder sich um ihren eigenen Haushalt kümmern, verwahrt die Nanna den Nachwuchs und kocht oft für die ganze Familie. Selbst unter den ganz jungen Frauen von heute sind welche, für die nichts anderes in Frage kommt, als Hausfrau und Mutter zu werden. Sie besuchen die Schule und machen eventuell eine Ausbildung, spätestens jedoch, wenn nach der Heirat das erste Kind unterwegs ist, bleiben sie zu Hause.

Dennoch sind Frauen als Studentinnen oder Lehrerinnen keine Seltenheit. Und man findet sie auch in gehobeneren Positionen (sogar in der Regierung), wenn auch nur vereinzelt.

Das erste Gespräch

Bei einem ersten Gespräch werden immer wieder die typischen Fragen nach Namen, Herkunft, Alter, Beruf und Familie/Kinder fallen.

X'jismek?
was'Name-dein
Wie heißt du?

Jisimni Gerda.
Name-mein Gerda
Ich heiße Gerda.

Minn fejn inti?
von wo du
Woher bist du?

Ġej/ġejja mill-Ġermanja/-Awstrija/-Isvizzera.
kommend(m/w) von+der-Deutschland/Österreich/Schweiz
Ich komme aus Deutschland/Österreich/der Schweiz.

Fejn toqgħod?
wo du-stehst
Wo wohnst du?

Noqgħod f'lukanda.
ich-wohne in'Hotel
Ich wohne in einem Hotel.

Jogħġbok hawn?
er-gefällt-dir hier
Gefällt es dir hier?

Iva, jogħġobni!
ja er-gefällt-mir
Ja, es gefällt mir!

Taħdem hawn Malta?
du-arbeitest hier Malta
Arbeitest du hier auf Malta?

Le, jiena student/studenta mill-Ġermanja.
nein, ich Student/in von+der-Deutschland
Nein, ich bin Student(in) aus Deutschland.

Iva, naħdem hawn.
ja, ich-arbeite hier
Ja, ich arbeite hier.

X'taħdem hawn?
was'du-arbeitest hier
Was arbeitest du hier?

Jiena għalliem/a.
ich Lehrer/in
Ich bin Lehrer/in.

impjegat/impjegata	Angestellte/r
ħaddiem/ħaddiema	Arbeiter/in
tabib/tabiba	Arzt/Ärztin
sajjied/sajjieda	Fischer/in
wejter/wejtress	Kellner/in
għalliem/għalliema	Lehrer/in
bennej/bennejja	Maurer/in
gwida	Reiseleiter/in
ħajjat/ħajjata	Schneider/in
mastrudaxxa	Schreiner/in
kittieb/kittieba	Schriftsteller/in
bejjiegħ/bejjiegħa	Verkäufer/in
dentist/dentista	Zahnarzt/-ärztin

Nach dem Schrägstrich steht die weibliche Form (ist gleichzeitig auch Mehrzahl-Form).

Inti miżżewweġ/miżżewġa?
du verheiratet(m/w)
Bist du verheiratet? *(zum Mann/zur Frau)*

Iva, jiena miżżewweġ/miżżewġa.
ja, ich verheiratet(m/w)
Ja, ich bin verheiratet. *(sagt Mann/Frau)*

Għandek tfal?
bei-du Kinder
Hast du Kinder?

Iva, għandi zewġt itfal.
ja, bei-ich zwei die-Kinder
Ja, ich habe zwei Kinder.

Le, m'għandix tfal.
nein, N_1*'bei-ich-*N_2 *Kinder*
Nein, ich habe keine Kinder.

Fejn hu r-raġel tiegħek?
wo er der-Mann deiner
Wo ist dein Ehemann?

Ix-xogħol.
der-Arbeit
Zur Arbeit.

Jaħdem.
er-arbeitet
Er arbeitet.

Kemm-il sena għandek?
wieviel Jahr bei-du
Wie alt bist du?

Għandi ħamsa u tletin sena.
bei-ich fünf und dreißig Jahr
Ich bin fünfunddreißig.

Um das Gespräch von sich abzulenken, kann man seinerseits beginnen, den Gesprächspartner auszufragen:

Fejn hi martek?
wo sie Frau-deine
Wo ist deine Frau?

Id-dar.
die-Haus
Zu Hause.

U inti? Kemm għandek snin?
und du wieviel bei-du Jahre
Und du? Wie alt bist du?

noch eine kleine Unterhaltung

Wenn man sich schon kennt, ist auch folgendes Gespräch denkbar.

Bonġu!
Guten Tag!

Kemm ili ma narak!
wieviel vergangen-ich N_1 ich-sehe-dich
Ich habe dich lange nicht gesehen!

Poġġi bil-qiegħda!
setz-dich mit+die-sitzend
Setz dich!

Allura, x'minnek?
also was'von-dir
Also, wie geht's dir?

Kont għaddej u waqaft insellimlek.
ich war vorbeikommend und ich-anhielt ich-grüße-dich
Ich bin gerade vorbeigekommen und wollte dir Hallo sagen.

Trid xi ħaġa x'tixrob?
du-willst was Sache was'du-trinkst
Möchtest du was trinken?

Iva. Ma ngħidlekx le għal kikkra kafè.
ja N_1 ich-sage-dir-N_2 nein für Tasse Kaffee
Ja. Zu einer Tasse Kaffee sage ich nicht nein.

X'ġabek hawn?
was'er-brachte-dich hier
Was führt dich zu mir?

Kont qed nitħajjar immur it-tokis illejla.
ich-war ich-stellend ich-geneigt ich-gehe der-Kino der-Abend
Ich habe Lust, heute Abend ins Kino zu gehen.

Trid tiġi miegħi?
du-willst du-kommst mit-mir
Möchtest du mitkommen?

Iva, għaliex le? Illejla m'għandix x'nagħmel.
ja warum nein der-Abend N_1 bei-ich-N_2 was'ich-mache
Ja, warum nicht? Ich habe heute Abend nichts vor.

X'ħin niltaqgħu?
was'Zeit wir-treffen
Wann treffen wir uns?

Ngħaddi għalik fis-sitta u nofs.
ich-vorbeikomme für-dich in+die sieben und halb
Ich hole dich um halb acht ab.

Tajjeb wisq! Narak illejla!
gut zuviel ich-sehe-dich der-Abend
Sehr gut! Dann sehe ich dich heute Abend!

Unterwegs

Gute Inselkarten und Busfahrpläne gibt es in jedem Buch- oder Souvenirladen zu kaufen. Falls man länger bleibt, lohnt es, **The Maze** (sehr ausführlicher Ortsplan) anzuschaffen.

zu Fuß

Notfalls kann man laufen. Verlaufen kommt auch gelegentlich vor. Falls man, aus welchen Gründen auch immer, vom Weg abgekommen sein sollte, empfiehlt es sich, die nächste Anhöhe zu ersteigen. Praktisch von überall her ist entweder das Meer oder eine Kirchkuppel zu sehen, die sich wundervoll als Wegweiser nutzen lassen.

Vermutlich trifft man jedoch einen Bauern **(bidwi)** bzw. eine Bäuerin **(bidwija)** oder einen Ziegenhirten **(ragħaj il-mogħoż)** und kann fragen, wo man sich gerade befindet.

Tista' tgħinni, jekk jogħġbok?
du-kannst du-hilfst-mir, wenn er-gefällt-dir
Kannst du mir bitte helfen?

Der/die Angesprochene wird erstaunt sein, einen Touristen Maltesisch sprechen zu hören.

Inti taf titkellem bil-Malti?
du du-weißt du-sprichst mit+der-Maltesisch
Du sprichst Maltesisch?

Ftit biss u bil-mod!
wenig nur und langsam
Ein bisschen nur und langsam!

Intlift/ Ma nafx fejn qiegħed/qiegħda!
ging- verloren-ich/nicht ich-weiß-nicht wo befindend(m/w)
Ich habe mich verlaufen!

Fejn ninsab hawn?
wo ich-befinde hier
Wo befinde ich mich hier?

Fejn hi t-triq għal ...?
wo sie die-Straße nach
Wo ist die Straße nach ...?

Fejn hu l-eqreb stejġ?
wo er-ist die-nahegelegendste Haltestelle
Wo ist die nahegelegendste Haltestelle?

'Il-bogħod ħafna?	**Le, m'hux 'il-bogħod.**
der-weit viel	*nein, N_1'er-N_2 der-weit*
Ist es weit?	Nein, es ist nicht so weit.

Über kurz oder lang begegnet man auf jeden Fall jemandem. Solche Gelegenheiten brauchen nicht ungenutzt zu verstreichen. Es bieten sich hervorragende Möglichkeiten, seine Maltesischkenntnisse auszuprobieren, da vor allem die Landbevölkerung und ältere Menschen häufig gar nicht oder nur sehr spärlich Englisch sprechen. Ein Lächeln und ein paar

Brocken Malti öffnen die Herzen eines jeden Inselbewohners. Man wird sehr freundlich und interessiert ausgefragt und gegebenenfalls auf den rechten Weg geschickt oder sogar gefahren.

Richtungshinweise

xellug	links
lemin	rechts
dritt	geradeaus
lura	zurück, rückwärts
hawn	hier
hemmhekk	da, dahin
x'imkien	irgendwo
imkien	nirgendwo
kullimkien	überall

trampen

Trampen ist auf den Inseln nicht besonders verbreitet.

Tista' 'ttini lift?
du-kannst du-gibst-mir Mitnahme
Kannst du mich mitnehmen?

Tista' twaqqafni fuq l-isteijġ li jmiss, jekk jogħġbok?
du-kannst du-anhältst-mich auf-die-Haltestelle die er-berührt, wenn er-gefällt-dir
Kannst du mich bitte an der nächsten Bushaltestelle absetzen?

Grazzi ħafna!
danke viel
Vielen Dank!

M'hemmx imniex!
N_1 da-ist-N_2 etwas
Nichts zu danken!

Es kommt gelegentlich vor, dass ein Autofahrer anhält und fragt, ob man einen „Lift“ will. Meiner Erfahrung nach kann das getrost angenommen werden. Auch Frauen brauchen sich nicht zu fürchten. Will man nicht einsteigen:

Le, ma rridx!
nein N_1 ich-will-N_2
Nein, ich will nicht!

Es gibt eine typisch maltesische Geste, die Verneinung ausdrückt: Man legt die rechte Hand mit den Fingernägeln an den Adamsapfel und streicht hoch Richtung Kinn. Das macht man zwei, drei Mal schnell hintereinander. Auch Kopfheben und mit der Zunge schnalzen bedeutet „nein“.

Ansonsten sollten die folgenden Sätze ausreichen, um sich entschieden zur Wehr zu setzen.

Ich bin auf Malta im Übrigen noch nie unfreiwillig berührt worden!

Iddejjaqnix!
belästige-mich-N_2
Belästige mich nicht!

Tmissnix!
berühre-mich-N_2
Fass mich nicht an!

Ittellagħhomlix!
hinaufsteig-sie-zu-N_2
Geh mir nicht auf die Nerven!

ħallini!
lass-mich
Lass mich!

mit dem Bus

Busfahren ist die preiswerteste Methode der Fortbewegung und vermutlich auch die interessanteste auf Malta. Außerdem ist Malta berühmt für die alten Busse. Selbst wenn man sich entschlossen hat, ein Auto zu mieten oder generell Taxi zu fahren, sollte man wenigstens einmal eine Tour mit den öffentlichen Verkehrsmitteln unternehmen.

Ziel *(km)*	Bus-Nummer
Cirkewwa *(26)*	45, 645, 48
Luqa (Flughafen) *(11)*	8
Għajn Tuffieħa Bay *(20,5)*	47
Marsascala *(11,5)*	19, 22
Mdina *(11)*	65, 80, 81, 86
Mosta *(9)*	43, 44, 45, 49, 56, 86
Paola *(5)*	1, 2, 3, 4, 6, 8, 11
Rabat *(11)*	65, 80, 81, 84, 86
San Anton Gardens (Attard) *(7,5)*	40, 74
San Ġiljan *(7,5)* (St. Julian's)	62, 67, 68
San Pawl il-Baħar *(16)* (St. Paul's Bay)	43, 44, 45, 48, 49
Sliema *(5)*	62, 67, 68
Sptar San Luqa *(3)* (St. Luke's Hospital)	75
Ta' Qali *(10)*	65, 86
Brigibba *(20)*	49, 58, 149, 449
Brigibba *(von* **Sliema** *18)*	70

Die Entfernungen/ Bus-Nummern gelten von **Valletta** *aus.*

Malta
Fläche: 246 km²
Länge: ca. 27 km
Breite: 14 km
Gozo
Fläche: 67 km²
Länge: 14 km
Breite: 7 km

Ein Ausflug nach Valletta eignet sich dazu besonders für eine Busfahrt, da fast alle Busse irgendwann einmal in Valletta am Tritonenbrunnen ankommen und dort auch abfahren und weil Parkplätze in Valletta wirklich ein Problem sind. Für eine bessere Umwelt **(għal ambjent aħjar)** und zur Schonung der eigenen Nerven bleibt das Auto also stehen und die **karozza tal-linja** wird bestiegen. Bushaltestellen (davon gibt es genügend) erkennt man an runden blauen Schildern, auf denen Bus stop steht. Auch runde rote Schilder mit der Aufschrift **fare stage** weisen eine Bushaltestelle aus. Kommt ein Bus, und man ist sich nicht sicher, wohin er fährt, fragt man den Fahrer:

Din (il-karozza) għall-Belt?
dieser (der-Bus) nach Valletta
Ist das der Bus nach Valletta?

Mela, għalfejn hi?
also, wohin sie
Also, wohin geht er?

Għall-Imdina.
nach-die-Mdina
Nach Mdina.

Tickets **(biljetti)** bekommt man beim Fahrer, was eine längere Wartezeit an jeder Haltestelle beinhaltet, da der Fahrer reichlich damit beschäftigt ist, das Geld einzusammeln und die Tickets auszugeben. Gelegentlich gibt er auch den einen oder anderen Fluch von sich und verrechnet sich beim Wechselgeld. Dem kann man entgehen, indem man die abgezählten Münzen bereithält.

In jeder „Stationary" (Schreibwarengeschäft) kann man einen kleinen Busfahrplan erstehen, der für wenig Geld viele nützliche Auskünfte gibt. Zum Beispiel welcher Bus wohin fährt.

Die Fahrer halten an der Haltestelle auf Winken hin an. Hält er nicht, bedeutet das, der Bus ist „full up" **(mimlija)**, es gibt keinen Platz mehr **(m'hemmx post)**. Dann heißt es auf den Nächsten warten. Ist der Bus schon fast voll, lässt der Fahrer nur eine begrenzte Anzahl Personen oder gar niemanden zusteigen. Ist es einem gelungen, einen Bus zu ersteigen und ein Ticket zu erhalten, setzt man sich am besten hin oder hält sich wenigstens gut fest, und los geht die Fahrt! Da die Namen der Stationen nicht mitgeteilt werden, ist es ratsam, einen der Passagiere oder den Fahrer um Hilfe zu bitten:

Tista' tgħidli fejn irrid ninżel?
du-kannst du-sagst-mir wo ich-will ich-verlasse
Kannst du mir sagen, wo ich aussteigen muss?

Nixtieq immur sa ...
ich-möchte ich-gehe nach
Ich möchte nach ...

Alle Busse sind mit einem Klingelsystem ausgerüstet. Man findet entweder einen Knopf oder Schalter oder Schnüre, die sich am Busdach befinden. Daran ziehen oder darauf drücken gibt das Signal zum Halten. Falls man mutig ist, schreit man laut:

Żomm! Żomm!!	**Ieqaf! Ieqaf!**
Halt! Halt!	Stopp! Stopp!

Je nachdem, wie voll der Bus ist, quetscht man sich mit tausend Entschuldigungen Richtung Ausgang:

Skużi, nista' ngħaddi, jekk jogħġbok?
Entschuldigung, ich-kann ich-passiere, wenn er-gefällt-dir
Entschuldigung, kann ich bitte vorbei?

Beim Busfahren den Linksverkehr nicht vergessen, man landet sonst unversehens ganz woanders, als man denkt! Die Haltestellen befinden sich natürlich auf der für uns falschen Straßenseite. Es gibt keine Querverbindungen. Beim Buswechsel muss ein neues Ticket gelöst werden. Es gibt keine Umsteigekarten. Jemand, der von Mdina aus nach Marsascala möchte, muss in Valletta umsteigen und ein neues Ticket lösen!

Fährt man in abgelegene Gegenden mit dem Bus, erkundigt man sich beim Fahrer, wann der letzte Bus zurückfährt:

X'ħin titlaq l-aħħar karozza minn hawn?
in was'Zeit sie-aufbricht die-letzte Bus von hier
Um wie viel Uhr fährt der letzte Bus von hier ab?

Es gibt Schnellbusse, die so genannten „direct routes“, die teurer sind und die unter Umständen nicht in Valletta abfahren.

it-tluq	Abfahrt
il-wasla	Ankunft
telaq	abreisen, aufbrechen
mar b'karozza	Auto fahren
sa	bis
(il-karozza) tal-linja	Bus
il-vapur	Fähre
il-biljett	Fahrkarte
il-post minn fejn wieħed jixtri l-biljetti	Fahrkartenschalter
il-vaganza	Ferien
tar	fliegen
it-titjira	Flug
l-ajruplan	Flugzeug
l-ajruport	Flughafen
Għawdex	Gozo
limiss	der/die nächste
il-vjaġġ	Reise
biljett biex immur u biex niġi lura	Rückfahrkarte
Sqallija	Sizilien
it-triq	Straße
it-taksi	Taxi
x'ħin	um wie viel Uhr
minn	von
meta	wann

Falls alle Stricke reißen, muss man sich eben ein Taxi bestellen.

Jekk jogħġbok, nista' nuża t-telefon?
wenn er-gefällt-dir, ich-kann ich-benutze der-Telefon
Kann ich bitte das Telefon benutzen?

Għandi bżonn taksi, jekk jogħġbok!
bei-ich Bedürfnis Taxi wenn er-gefällt-dir
Ich brauche bitte ein Taxi!

mit dem Taxi

Taxen sind auf Malta verhältnismäßig teuer, Leihwagen und Sprit dagegen recht günstig. Autovermieter gibt es überall auf den Inseln und praktisch von jedem Hotel aus können Wagen gebucht werden. Es empfiehlt sich, die Preise zu vergleichen!

Die Kennzeichen dieser Autos sind schwarz auf gelbem Grund. Der erste Buchstabe ist ein X. Der Verkehr ist sehr chaotisch, die Straßen miserabel und außerdem wird links gefahren! Das sind Tatsachen, die manch einen mit Recht abschrecken.

Möchte man doch auf ein Taxi zurückgreifen, kann man zwischen weißen und schwarzen Autos wählen. Die schwarzen sind etwas billiger. Welche Farbe letztendlich der Wagen hat, ist egal. Die Nummernschilder sind jedenfalls rot mit schwarzer Beschriftung. Der Preis wird vor der Fahrt ausgehandelt! Damit man einen ungefähren Überblick hat, wie viel im Schnitt verlangt wird, kann man entweder mehrere Taxifahrer fragen oder sich im Hotel erkundigen. Maltesischkenntnisse sparen hier Bares! Vor allem, wenn man klar macht, dass man sich auskennt!

Die Nummernschilder werden gerade geändert. Es gibt schon die neuen Europa-Kennzeichen. Busse, Taxen und Leihwagen werden in eine Kategorie zusammengefasst. Sie haben als letzten von drei Buchstaben ein Y. Private Fahrzeuge können also kein Y (z. B. Boy 123) als letzten Buchstaben auf der Plakette haben. Es wird aber sicherlich noch eine ganze Weile dauern, bis alle umgestellt sind.

Kemm toħodli minn hawn sal-Belt?
wieviel du-nimmst-mir von hier bis-die Stadt
Wie viel nimmst du bis Valletta?

Kemm inħallas minn hawn sa ...?
wieviel ich-zahle von hier bis
Wie viel zahle ich von hier bis/nach ...?

Għali wisq!
teuer zuviel
Zu teuer!

Ħafna flus!
viel Geld
Das ist viel Geld!

Ħa ntik ...!
lass ich-gebe-dir
Ich werde dir ... geben!

Man kann auch darum bitten, das Taxameter einzuschalten, ob es viel nützt, ist eine andere Frage.

Ixgħel it-taximeter!
anschalte der-Taxameter
Schalt den Taxameter ein!

Kif nasal ...?
wie ich-ankomme
Wie komme ich nach/zu ...?

Ħudni l-mdina, jekk jogħġbok!
nimm-mich nach-Mdina, wenn er-gefällt-dir
Bringen Sie mich bitte nach Mdina!

Ħudni f'lukanda rħisa!
nimm-mich in'Hotel billig
Bring mich bitte zu einem günstigen Hotel!

Nixtieq inżur it-tempji.
ich-möchte ich-besichtige die-Tempel
Ich möchte die Tempel besichtigen.

Kif nagħmel biex immur?
wie ich-mache um-zu ich-gehe
Wie komme ich dahin?

L-ewwel dur fuq il-lemin, u mbagħad dritt ...
der-erste herumgehe auf der-rechts, und dann geradeaus
Die erste rechts, dann geradeaus ...

... u t-tieni kantuniera fuq ix-xellug.
... und die-zweite ecke auf der-links
... und dann die zweite links.

Liema tempju tixtieq iżżur?
welchen Tempel du-möchtest du-besichtigst
Welchen Tempel möchtest du besichtigen?

Ma nafx! Liem'hu l-isbaħ?
N_1 ich-weiß-N_2 welcher er der-schönste
Ich weiß nicht! Welcher ist der schönste?

Natürlich wird der Taxifahrer antworten:

Kollha sbieħ!
alle schön!
Alle sind schön!

L-ewwel żur it-tempji ta' l-Imnajdra u ta' Ħaġar Qim.
der-erste besichtige die-Tempel von Mnajdra und von Hagar Qim
Besichtige zuerst Mnajdra und Hagar Qim.

Dawn jinsabu qrib xulxin.
diese sie-befinden nah miteinander
Sie sind nah beieinander.

Hemm ukoll it-tempji ta' Ħal Tarxien.
da-sind auch die-Tempel von Dorf Tarxien
Es gibt auch die Tempel von Hal Tarxien.

(Huma) Mimlijin tiżjin preistoriku.
(sie-sind) voll Ornamentik prähistorisch
Die sind voll mit prähistorischer Ornamentik.

mit dem Auto

Tankstellen schließen auf Malta um 18 Uhr, an Sonn- und Feiertagen öffnen sie gar nicht. Vorsorglich sollte man also darauf achten, dass genügend Sprit im Tank ist. Leihwagen werden nämlich mit höchstens so viel Treibstoff versehen, dass es ausreicht, um zur nächsten **pompa tal-petrol** zu gelangen. Genauso gibt man den Wagen auch wieder zurück.

Petrol (bla ċomb) żewġ/ħames liri, jekk jogħġbok!
Benzin (ohne Blei) 2/5 Pfund, wenn er-gefällt-dir
Bitte für 2/5 Pfund (bleifreies) Benzin!

Es gibt auf Malta verschiedene Automobilclubs. Zumindest eine Telefonnummer sollte sich am Schlüsselanhänger des Leihwagens befinden. Gibt es Probleme mit dem Auto, ruft man dort an oder besser noch, informiert den Verleiher. In der Regel wird einem sofort geholfen. Da die Entfernungen nicht sehr groß sind, kommt schon bald jemand, um einem aus der Patsche zu helfen. Trotzdem eine Liste mit nützlichen Wörtern:

batterija	Batterie
tank tal-petrol	Benzintank
brejkijiet	Bremsen
stepni	Ersatzrad
vojta – mimlija	leer – voll
karozza tal-kiri	Leihwagen

tajer	Reifen
tiswija	Reparatur
imla t-tank (bil-petrol)	tanken
pompa tal-petrol	Tankstelle
inċident tat-traffiku	Unfall
karburatur	Vergaser
inxurjat/a kompreħensiv	Vollkasko
għodda	Werkzeug

Għandi bżonn l-għajnuna tiegħek.
bei-ich Bedürnis die-Hilfe deine
Ich brauche deine Hilfe.

Għandi panċor.
bei-ich Platten
Ich habe einen Platten.

Il-mutur bil-ħsara.
der-Motor mit+der-Schaden
Der Motor läuft nicht.

Ġib il-pulizija!
ruf die-Polizei
Ruf die Polizei!

Rufen Sie auf jeden Fall die Polizei an, falls ein Unfall passiert! Das ist in Malta Gesetz!

Schließen Sie auf jeden Fall eine Vollkasko-Versicherung ab! Die kostet nicht viel und erspart im Falle eines Falles viel Ärger!

Technische Ausdrücke kommen meistens aus dem Englischen und werden nicht übersetzt. Einige Wörter, wie **brejkijiet** (Bremsen) oder **iċċekkja** (checken), werden aus dem Englischen oder Italienischen übernommen und „eingemaltesischt“. Mit der Zeit hört man davon jede Menge.

Essen & Trinken

Malta liegt in der Mitte des Mittelmeeres. Es bietet sich nichts mehr an, als frischen Fisch **(ħut)** zu essen, so oft es geht. Und den gibt es hier in Hülle und Fülle.

Der angebotene Fisch variiert je nach Jahreszeit. Einige beliebte Speisefische sind: **aċċola, ċerna, dott, mazzola, tonn, awrata, denċi, lampuka, merluzz, trilja.**

Daneben kann man Tintenfisch **(klamar),** Muscheln **(maskli)** aller Art und Garnelen **(gamblu)** in vielen Variationen fangfrisch auf den Teller bekommen. **Aljotta** ist Fischsuppe. Sie schmeckt köstlich und empfiehlt sich sehr für den kleinen Hunger oder als Vorspeise.

Die Fische, die ein Restaurant anzubieten hat, werden auf eine Platte drapiert und dem interessierten Gast gezeigt und erklärt. Man bekommt den maltesischen Namen und den mediterranen genannt. Außerdem bekommt man Informationen darüber, welcher Art die Gräten sind, die ein Fisch enthält, und wie er schmeckt.

Valletta

Auch für diejenigen, die Meerestiere lieber links liegen lassen, ist gesorgt. Die maltesische Küche ist sowohl von englischer als auch von italienischer Seite her beeinflusst.

Hier einige traditionelle Gerichte:

Bigilla
ist eine braune Paste aus Bohnen, Petersilie, viel Knoblauch und Olivenöl. Schmeckt köstlich als Brotaufstrich!
Braġoli
erinnern sehr an unsere Rouladen.
Fenek
(Kaninchen) ist sehr beliebt in Malta und wenn möglich, sollte man sich eine Fenkata, einen Kanincheneintopf, nicht entgehen lassen! Dieses Kaninchengulasch mit Spaghetti oder Kartoffeln und Wein ist das traditionellste und originellste Gericht in Malta. Wenn man die Augen offenhält, sieht man vor ganz normalen Pubs Tafeln aufgestellt, die eine **Fenkata** ankündigen.
Minestra
ist Gemüsesuppe, die hier auf Malta dicker serviert wird als in Italien.
Timpana
ist eine Art Makkaronikuchen. Man bekommt sie in der Pastizzerija an der Ecke und manchmal auch als Vorspeise in Restaurants. Für Pastafans ein Muss!

im Pub

Sollte man sich entschieden haben, in einem solchen Pub zu essen, darf man nicht vergessen, dass man in Bezug auf Hygiene hier keine deutschen Maßstäbe anlegen kann! Es wird auf jeden Fall ein Erlebnis für sich sein, vor allem, wenn es ein Pferderennsport-Pub ist. Das erkennt man daran, dass an den Wänden viele Bilder mit Pferden, Sulkies und ihren stolzen Besitzern hängen. Und Vorsicht vor dem Wein! Der wird vermutlich hausgemacht sein. In Whisky- oder Likörflaschen auf den Tisch gestellt, kostet er nur wenig, sieht ganz harmlos aus, hat es aber in sich! Und wenn man nicht den nächsten Tag mit Kopfschmerzen im Bett verbringen möchte, sollte man Vorsicht walten lassen!

Pastizzerijas

Pastizzerijas sind sozusagen die maltesischen Fast-Food-Ketten. Der Vorteil gegenüber McDonald & Co.: Die angebotenen Gerichte sind sehr billig, und es ist mal etwas völlig anderes.

Diese Häppchen stehen auf der Speisekarte einer **Pastizzerija.**

mqaret
Süßschmeckende kleine Kuchen, die mit Dattelmus gefüllt sind.
mqarrun il-forn
Gebackene Makkaroni mit Käse und Tomaten.

pastizzi
Kleine Blätterteigpasteten. Sie kosten nur ein paar Cent und eignen sich sozusagen als Schnellimbiss. Es gibt sie mit Erbsenmus oder Ricotta gefüllt.
pizza
Kleine runde Pizzen, die mit Käse oder Tomaten, manchmal mit Salami oder Pilzen belegt sind.
qassatat
Teigkörbchen (größer und mächtiger als **pastizzi**). Man hat Hackfleischfüllung oder Ricotta zur Auswahl.

... und das alles kommt ganz frisch aus dem Ofen – Vorsicht: Heiß!

etwas bestellen

Nista' nordna xi ħaġa, jekk jogħġbok?
ich-kann ich-bestelle was Sache, wenn er-gefällt-dir
Kann ich bitte etwas bestellen?

Tini l-menù, jekk jogħġbok ...
gib-mir der-Speisekarte, wenn er-gefällt-dir
Gib mir bitte die Speisekarte, ...

... nixtieq niekol xi ħaġa!
... ich-möchte ich-esse was Sache
... ich möchte etwas essen!

Għandek ...?
bei-du
Hast du ...?

Iva, għandi!
ja bei-ich
Ja, habe ich!

Le, m'għandix!
nein N_1'bei-ich-N_2
Nein, habe ich nicht!

Restaurant	**restorant**
guten Appetit!	**l-ikla t-tajba!**
Essen	**ikel**
Getränk	**xarba**
Hunger	**ġuħ**
Durst	**għatx**
essen	**kiel, tiekol**
trinken	**xorob, tixrob**
Glas	**tazza**
Tasse	**kikkra**
Teller	**platt**
Messer	**sikkina**
Gabel	**furketta**
Löffel	**mgħarfa**
Teelöffel	**kuċċarina**
Fleisch	**laħam**
Fisch	**ħut**
Huhn	**tiġieġ**
gebraten	**moqli/ja**
gekocht	**mgħolli/ja**
gegrillt	**mixwi/ja**
Reis	**ross**
Nudeln, Pasta	**għaġin**
Auflauf	**fil-forn**
Brot	**ħobż**

Zum Nachtisch gibt es oft ausgezeichnete Kuchen! Sie sind nicht übermäßig süß und durchaus eine kleine Sünde wert.

In Mdina gibt es ein für seinen Schokoladenkuchen und seine Aussicht bekanntes Café. Es heißt Fontanella und ist nicht nur bei Touristen beliebt. Da es vor allem zur Hauptreisezeit und an Wochenenden sehr voll ist, sollte man einen Tag in der Woche wählen und möglichst etwas früher hingehen als zur gewöhnlichen Kaffeezeit, dann bekommt man ein nettes Plätzchen direkt an der Stadtmauer, von wo aus man einen herrlichen Blick über die Insel hat.

Doch ist das Fontanella nicht das einzige Café mit Aussicht. Auch das Ciapetti mit seinem kleinen Garten und den Dachterrassen mit Blick übers Tal bis nach Mosta ist sehr zu empfehlen.

Nixtieq kapuċċino, jekk jogħġbok!
ich-möchte Cappuccino, wenn er-gefällt-dir
Ich möchte einen Cappuccino, bitte!

Trinkgeld

Trinkgelder sind nicht im Preis mit inbegriffen. In der Regel werden 10% von der Rechnung als Trinkgeld für die Bedienung gegeben, was aber kein Muss ist. War der Service nicht zufriedenstellend oder das Essen schlecht, bleibt eben kein Geld auf dem Tisch zurück.

Bajtar tax-Xewk, Kakteenfrüchte

Getränke

Għalija tazza ġus tal-ħawħ (bla silġ/bis-silġ) ...
für-mich Glas Saft von-Pfirsich (ohne Eis/mit-Eis)
Für mich bitte ein Glas Pfirsichsaft (ohne Eis/mit Eis) ...

... u flixkun ilma żgħir/kbir, jekk jogħġbok!
... und Flasche Wasser klein/groß, wenn er-gefällt-dir
... und eine kleine/große Flasche Wasser!

tazza nbid abjad	ein Glas Weißwein
tazza nbid aħmar	ein Glas Rotwein
birra	ein Bier
flixkun ilma minerali	eine Flasche Mineralwasser
tazza ġus	ein Glas Saft
kikkra te/kafè	eine Tasse Tee/Kaffee
kafè iswed	schwarzer Kaffee
kafè bil-ħalib	Kaffee mit Milch
kapuċċino	Cappuccino
ħalib	Milch
ħafif	leicht
(mhux) qawwi	(nicht) stark

Importierte Weine sind erheblich teurer, und der maltesische Wein kann wirklich konkurrieren.

Da auf Malta Wein angebaut wird, findet man eine gute Auswahl an einheimischen Weinen. Ungeübte Trinker sollten Vorsicht walten lassen. Vor allem der rote Wein ist sehr stark!

Das einheimische Bier braucht keinen Vergleich zu scheuen: **Cisk Lager** entspricht vom Geschmack her etwa unserem Pils, **Hopleaf** ist etwas milder und erinnert an Kölsch.

Übernachten

Auf Malta gibt es genügend Hotels und andere Unterkünfte wie Ferienwohnungen und Häuser. Falls man mit dem Flug kein Hotel gebucht hat, kann man am Flughafen, beim Touristeninformationszentrum in Valletta oder auf Gozo, gleich im Hafen, erfahren, wo man unterkommen kann. Auch ein Taxifahrer wird in der Lage sein, preisgünstige und nahegelegene Hotels zu empfehlen.

Għandek kamra vojta?
bei-du Zimmer frei
Hast du ein Zimmer frei?

Irrid kamra tal-wieħed/doppja!
ich-will Zimmer von eins/doppel
Ich will ein Einzel-/Doppelzimmer!

Irridha għal lejl wieħed, żewġt/tlett iljieli.
ich-will-sie für Nacht ein, zwei/drei Nächte
Ich will es für eine Nacht, zwei/drei Nächte.

Nista' nara l-kamra?
ich-kann ich-sehe die-Zimmer
Kann ich das Zimmer sehen?

Kemm inħallas?
wieviel ich-zahle
Wie viel kostet das?

Nieħu l-brekfast biss!
ich-nehme Frühstück nur
Ich nehme nur Frühstück!

brekfast u ikla waħda
Frühstück und eine Mahlzeit
mit Frühstück und einer Mahlzeit

Jekk jogħġbok, naddafli l-kamra/l-banju!
wenn er-gefällt-dir, säubere-mir das-Zimmer/ der-Bad
Bitte machen Sie das Zimmer/ das Bad sauber!

Nixtieq inqum fis-sebgħa.
ich-möchte ich-aufstehe um sieben
Ich möchte um sieben aufstehen.

Tista' tqajjimni, jekk jogħġbok?
du-kannst du-weckst-mich, wenn er-gefällt-dir
Können Sie mich bitte wecken?

Jiena se nitlaq għada.
ich werden ich-aufbreche morgen
Morgen reise ich ab.

Saħħa u l-vjaġġ it-tajjeb!
Gesundheit und der-Reise der-gut
Tschüss und gute Reise!

In den nächsten Satz können Sie sinnvolle Wörter aus den Wortlisten einsetzen.

Għandi bżonn ...
Ich brauche ...

... ma jaħdimx
... funktioniert nicht.

xugaman	Handtuch
spalliera	Kleiderbügel
airconditioner	Klimaanlage
imħadda	Kopfkissen
dawl	Licht
sapuna	Seife
tojlit pejper	Toilettenpapier
viti ta' l-ilma	Wasserhähne
flaxing	Wasserspülung
kutra/kwilt	Woll-/Bettdecke

M'hemmx ilma.
Es gibt kein Wasser.

It-tieqa ma tinfetaħx.
Das Fenster ist nicht zu öffnen.

Einkaufen

Auf Malta kann man im Prinzip alles kaufen, was das Herz begehrt. Die modernsten Geschäfte gibt es in Sliema und in Valletta. In der Merchants Street in Valletta gibt es eine schöne Markthalle im Jugendstil, in der mit Lebensmitteln gehandelt wird, und jeden Tag einen offenen Markt, der bis ein Uhr mittags geöffnet ist. Allerhand Kuriositäten und das eine oder andere Schnäppchen warten.

Minn fejn nista' nixtri ...?
von wo ich-kann ich-kaufe
Wo kann ich ... kaufen?

Auch auf dem Markt lohnt es sich, ein paar Brocken Maltesisch fallen zu lassen.

Qed infittex ...
ich-stellend ich-suche
Ich suche ...

Għandi bżonn ...
bei-ich Bedürfnis
Ich brauche ...

frott	Obst
tuffieħ	Äpfel
larinġ	Apfelsinen
banana	Bananen
frawli	Erdbeeren
tut	Himbeeren
bajtar tax-xewk	Kakteenfrüchte
ċirasa	Kirschen
ħawħ	Pfirsiche
għajnbaqar	Pflaumen
għeneb	Trauben
lumi	Zitronen

Handeln ist möglich, wenn auch begrenzt. Sicherlich funktioniert es nicht in dem Maße wie auf arabischen Märkten, obwohl das maltesische Wort **suq** für Markt arabischer nicht sein kann.

ħxejjex	Gemüse
pastard	Blumenkohl
piżelli	Erbsen
ful	gelbe Bohnen
qara twil	grüne Gurken
zunnarija	Karotten
patata	Kartoffeln
ġidra	Kohlrabi
bżar aħdar	grüne Paprika
bżar aħmar	rote Paprika
fażola	grüne Stangenbohnen
tadam	Tomaten
qarabagħli	Zucchini

laħam	Fleisch
ħobż	Brot
butir	Butter
ħut	Fisch
tigieġ	Huhn
ġobon	Käse
ħaruf	Lamm
ħalib	Milch
ċanga	Rindfleisch
perżut	Schinken
majjal	Schweinefleisch
bejken	Speck
zokkor	Zucker

batterija	Batterie
lapes	Bleistift
bolli	Briefmarken
lajter	Feuerzeug
film	Film
pinna	Füller
trabuxun	Korkenzieher
karta	Papier
żveljarin	Wecker
xkupilja tas-snien	Zahnbürste
tutpejst	Zahnpasta
gazzetta	Zeitung
sigaretti	Zigaretten

Kemm hu/hi/huma?
wieviel das(m/w/Mz)
Wie viel kostet das?

Ħa ntik ...!
lass ich-gebe-dir
Ich werde dir ... geben!

Kemm hu dal-basket?
wieviel er dieser-Korb
Wie viel macht der Korb?

Għali wisq!
teuer zuviel
Zu teuer!

kbir/a (wisq)	(zu) groß
zgħir/a (wisq)	(zu) klein
twil	lang
qasir/a	kurz
wiesa'/wiegħa	weit
dejjaq/dejqa	eng

Għandek iżgħar/ikbar?
bei-du kleiner/größer
Haben Sie das kleiner/größer?

traditionelle Perlenarbeit

Irridu dan id-daqs.
ich-wollte-er dieser der-Größe
Ich wollte diese Größe.

Għandek id-daqs tiegħi?
bei-du der-Größe von-ich
Haben Sie meine Größe?

Għandek xi ħaġa oħra?
bei-du was Sache andere
Haben Sie etwas anderes?

Għandek stil/kulur ieħor?
bei-du Stil/Farbe andere
Haben Sie eine andere Art/Farbe?

Dan joqgħodli tajjeb.
dieser er-passt-mir gut
Das passt mir gut.

Dan jixraqli/jixraqlek ħafna.
dieser er-steht-mir/er-steht-dir gut
Das steht mir/dir gut.

ħwejjeġ	Kleidung
qmis	Hemd
qalziet	Hose
libsa	Kleid, Anzug
flokk tas-suf	Pullover
dublett (qasir)	(kurzer) Rock
żarbun	Schuhe
kalzetti	Strümpfe
flokk	T-Shirt
flokk ta' taħt	Unterhemd
qalziet ta' taħt	Unterhose

Fejn insib drycleaner?
wo ich-finde Reinigung
Wo finde ich eine Reinigung?

Nixtieq naħsel xi ħwejjeġ.
ich-möchte ich-wasche einige Kleider
Ich möchte einige Kleider waschen.

Tista' tgħidli fejn?
du-kannst du-sagst-mir wo
Kannst du mir sagen, wo?

bizzilla	geklöppelte Spitze
oġġetti tal-ħġieġ	Glaswaren

An typischem Kunsthandwerk findet man auf Malta Klöppelspitze und mundgeblasene Glasartikel.

Krank sein

Die Behandlung in staatlichen Krankenhäusern und staatlichen Kliniken ist kostenlos. Einige Medikamente bekommt man ebenfalls umsonst. Behandlungen in privaten Kliniken können mit einer Reisezusatzversicherung abgedeckt werden. Deutsche Krankenkassen haben kein Abkommen mit Malta, deshalb springen sie im Krankheitsfall nicht ein. Private Zusatzversicherungen und auch die Reisekrankenversicherungen tun es. Daher empfiehlt es sich, eine solche abzuschließen. Wichtig ist, dass man sich eine Quittung **(rċevuta)** geben lässt, falls man Geld auslegen muss.

Die Telefonnummer der Ambulanz ist die 196.

Im Falle eines Falles: Alle Ärzte und Apotheker sprechen Englisch! Trotzdem ist es hilfreich, wenn man ein paar Dinge in Maltesisch weiß, damit man der Schwester im Krankenhaus oder beim Arzt zumindest schon einmal sagen kann, wo das Problem liegt.

emerġenza	Notfall
ambulanza	Krankenwagen
sptar	Krankenhaus
klinika tal-gvern	staatliche Klinik
spiżerija	Apotheke

Għandi wġigħ ta' ...
bei-ich Schmerz von
Ich habe ...-Schmerzen.

Għandi wġigħ ta' ras/stonku.
bei-ich Schmerz von Kopf/Magen
Ich habe Kopf-/Magenschmerzen.

għajn	Auge
żaqq	Bauch
riġel	Bein
ħobb	Brust, Busen
sider	Brustkorb
saba'	Finger
sieq	Fuß
għonq	Hals (außen)
griżem	Hals (Kehle)
rkobba	Knie
ħalq	Mund
widna	Ohr
dahar	Rücken
snien	Zähne

Fejn hu t-tabib?
wo er der-Arzt
Wo ist der Arzt?

Dalwaqt jerġa' jiġi.
gleich er-wiederholt er-kommt
Er kommt gleich wieder.

Bank & Post

Es gibt auf Malta überall Banken oder Geldautomaten. Die üblichen Bank- und Kreditkarten sowie Travellerschecks werden akzeptiert. Außerdem gibt es Geldwechselautomaten. Diese wechseln Scheine der wichtigsten Währungen. In den Banken wird Englisch gesprochen.

Posta	Post
uffiċċju tal-Posta	Postamt
bolli	Briefmarken
ittra	Brief
kartolina	Postkarte

Briefmarken können dort gekauft werden, wo es Postkarten gibt. Postämter findet man in jedem Ort. Das Hauptpostamt befindet sich in Valletta. Auf der Post wird Englisch gesprochen.

Il-Belġju	Belgien
Il-Ġermanja	Deutschland
L-Ingilterra	England
Franza	Frankreich
L-Olanda	Holland
L-Italja	Italien
L-Awstrija	Österreich
L-Isvizzera	Schweiz
Sqallija	Sizilien
Spanja	Spanien

typischer maltesischer Bus

(Agħ) tini żewġ bolli għall-Ġermanja, jekk jogħġbok!
gib-mir zwei Briefmarken für+die-Deutschland wenn er-gefällt-dir
Gib mir bitte zwei Briefmarken für Deutschland!

Telefonieren

Die staatliche maltesische Telefongesellschaft heißt **Telemalta.** Es gibt überall Telefonhäuschen, von denen aus nach Übersee telefoniert werden kann, ohne den Operator einschalten zu müssen.

Die meisten Telefonhäuschen sind Kartentelefone. Telefonkarten können in Schreibwarenläden, in **Telemalta**-Zweigstellen, Hotels und vielen Souvenirshops gekauft werden.

Gelbe Telefonhäuschen sind Münztelefone. Die Kartentelefone sind natürlich viel praktischer!

Għandek telekards?
bei-du Telefonkarten
Hast du Telefonkarten?

Jekk jogħġbok, nista' nċempel?
wenn er-gefällt-dir, ich-kann ich-anrufe
Kann ich bitte mal telefonieren?

wichtige Telefonnummern

Polizei/Unfall	191	**Pulizija**
Ambulanz	196	**Ambulanza**
Feuer	199	**Tifi tan-nar**
Telefonauskunft	191	**Tagħrif fuq id-direttorju**
Klinik Malta	241251	**Sptar San Luqa**
Klinik Gozo	561600	**Sptar Craig**

Liebesgeflüster

Dass Amors Pfeile ihre Wirkung tun, ist nicht ausgeschlossen.

Nixtieq noħroġ / niżfen miegħek.
ich-möchte ich-ausgehe / ich-tanze mit-du
Ich möchte mit dir ausgehen / tanzen.

Inħobb nitkellem miegħek.
ich-liebe ich-spreche mit-du
Ich unterhalte mich gerne mit dir.

Inħobb noqgħod miegħek.
ich-liebe ich-befinde-mich mit-du
Ich bin gern mit dir zusammen.

Tixtieq nerġgħu niltaqgħu?
du-möchtest wir-wiederholen wir-treffen
Möchtest du, dass wir uns wieder treffen?

Għandi grazzja miegħek.
bei-ich Freude mit-du
Ich habe dich gern.

Inħobbok.
ich-liebe-dich
Ich liebe dich.

Nixtieq norqod miegħek.
ich-möchte ich-schlafe mit-du
Ich möchte mit dir schlafen.

Għandek kondoms?
bei-du Kondome
Hast du Kondome?

Schimpfen & Fluchen

Um es klar auszudrücken: Jeder Malteser flucht! Da hilft nichts! Auch wenn eins der zehn Gebote, die Moses auf dem Berge Sinai empfangen hat, da lautet:

Tidgħix!
Fluche nicht!

Einige oft zu hörende Wörter, die auch Ausrufe des Erstaunens sind:

iiil-ostja!
Die Hostie! (Die Länge des „i“ gibt den Grad des Erstaunens wieder.)

iiil-alla! oder **iiil-allu!**
Gott! (Damit Gott nicht mitkriegt, dass er gemeint ist!)

Ħaqq heißt eigentlich so viel wie „Gerechtigkeit“. In Verbindung mit anderen Wörtern kann es zum Fluchen benutzt werden. **Ħaqq Alla!** hieße dann „jemand möge an Gott Gerechtigkeit“ (für sein Versagen). Es bekommt auch die Bedeutung von „verdammt“, wenn zum Beispiel das Auto liegen bleibt: **Ħaqq il-karozza!** (Verdammte Kiste!). Dieser Fluch ist wirklich starker Tobak. Wenden Sie ihn auf keinen Fall an!

Es wird überhaupt nicht gerne gehört, wenn Ausländer diese Worte benutzen. Vor allem nicht aus dem Mund von Frauen. Seltsamerweise scheinen es ausgerechnet diese Worte zu sein, die vom gesamten maltesischen Vokabular am einfachsten zu behalten sind. Ich höre immer wieder Deutsche und auch andere Ausländer, die sonst kein Wort Maltesisch sprechen, maltesische Flüche in ihre englische Rede einflicken. Da Malteser höfliche Menschen sind, lächeln sie nachsichtig ... oder peinlich berührt?

Rabat (Gozo), Enthauptung des heiligen Georg

Nichts verstanden? – Weiterlernen!

Wenn alles nicht mehr weiterhilft und Sie nichts mehr verstehen, dann müssen Sie vielleicht auf die folgenden Formulierungen zurückgreifen.

Ma fhimtx! / Ma fhimtx?
N1 ich/du-verstand/est-N2
Ich habe nicht verstanden! /
Du hast nicht verstanden?

Die erste und zweite Person Einzahl Vergangenheit sind gleich, deshalb kann man den Satz sowohl mit „ich“ als auch mit „du“ übersetzen!

Skużi, ma fhimt xejn!
Entschuldigung, N1 ich-verstand-nichts
Entschuldigung, ich habe nichts verstanden!

Naf nitkellem ftit biss bil-Malti.
ich-weiß ich-spreche wenig nur mit+der-Malti
Ich spreche nur ein bisschen Maltesisch.

Ibqa' studja!
fortfahre studiere
Weiterlernen!

Fhimtni?
du-verstandest-mich
Hast du mich verstanden?

X'inhu?
was er
Wie bitte?

Fhimtek!
ich-verstand-dich
Ich habe dich verstanden!

Qed nifhem!
ich-stellend ich-verstehe
Ich verstehe!

Xi tfisser din?
was sie-bedeutet diese
Was bedeutet das?

Hawn xi ħadd li jaf jitkellem ...?
hier was niemand der er-weiß er-spricht
Ist hier jemand, der ... spricht?

bil-Ġermaniż	*mit+der-Deutsch*	Deutsch
bl-Ingliż	*mit+der-Englisch*	Englisch
bit-Taljan	*mit+der-Italienisch*	Italienisch

Kif ngħid bil-Malti ...?
wie ich-sage mit+der-Malti
Was heißt ... auf Maltesisch?

Jekk jogħġbok tkellem iżjed bil-mod.
wenn er-gefällt-dir sprich mehr langsam
Bitte sprich langsamer.

Erġa' għidli (bil-mod), jekk jogħġbok!
wiederhol sag-mir (langsam), wenn er-gefällt-dir
Wiederhol das bitte langsam!

Erġa' għidli bil-Malti, jekk jogħġbok!
wiederhol sag-mir mit+der-Maltesisch, wenn er-gefällt-dir
Wiederhol das bitte auf Maltesisch!

Kif jgħidu dil-kelma bil-Malti?
wie sie-sprechen diese die-Wort mit+der-Maltesisch
Wie spricht man dieses Wort aus?

Dil *ist zusammengezogen aus* dik *und dem Artikel* il.

Tista' tiktibhieli, jekk jogħġbok?
du-kannst du-schreibst-das-mir, wenn er-gefällt-dir
Kannst du mir das bitte aufschreiben?

Tista' taqrahieli, jekk jogħġbok?
du-kannst du-liest-das-mir, wenn er-gefällt-dir
Kannst du mir das bitte vorlesen?

Aqlibli din għall-Ingliż, jekk jogħġbok.
übersetze-mir diese für+der-Englisch, wenn er-gefällt-dir
Übersetz mir das bitte ins Englische.

Friedhofsmauer in Rabat

Unregelmäßige Tätigkeitswörter

Es gibt nicht viele unregelmäßige Tätigkeitswörter. Zum Nachschlagen habe ich hier die wichtigsten zusammengestellt. In der ersten und zweiten Zeile stehen jeweils der Stamm (eigentlich 3. Person Einzahl männlich der Vergangenheit) sowie die Befehlsform Ein- und Mehrzahl (falls vorhanden), mit deren Hilfe die Gegenwartsformen gebildet werden.

Abweichungen betreffen jeweils den Stamm. Die Vorsilben bzw. die Endungen verändern sich nicht.

Für Gegenwart und Vergangenheit sind die gebeugten Formen in der üblichen Reihenfolge der Personen nebeneinander gestellt, also „ich", „du", „er, sie" (für die Einzahl) und „wir", „ihr", „sie" (für die Mehrzahl).

sein

Stamm	**kein**		
Befehlsform	**kun** *(Ez)*, **kunu** *(Mz)*		
ich / wir	du / ihr	er, sie / sie (Mz)	
nkun	**tkun**	**jkun, tkun**	*Gegenwart Ez*
nkunu	**tkunu**	**jkunu**	*Gegenwart Mz*
kont	**kont**	**kien, kienet**	*Vergangenheit Ez*
konna	**kontu**	**kienu**	*Vergangenheit Mz*

haben

Stamm	**kellu**		
ich / wir	du / ihr	er, sie / sie (Mz)	
għandi	**għandek**	**għandu, għandha**	*Gegenwart Ez*
għandna	**għandkom**	**għandhom**	*Gegenwart Mz*
kelli	**kellek**	**kellu**	*Vergangenheit Ez*
kellna	**kellkom**	**kellhom**	*Vergangenheit Mz*

Unregelmäßige Tätigkeitswörter

essen

	Stamm	**kiel**	
	Befehlsform	**kul** *(Ez)*, **kulu** *(Mz)*	
	ich / wir	du / ihr	er, sie / sie (Mz)
Gegenwart Ez	**niekol**	**tkul**	**jkul, tkul**
Gegenwart Mz	**nieklu**	**tkulu**	**jkulu**
Vergangenheit Ez	**kilt**	**kilt**	**kiel, kielet**
Vergangenheit Mz	**kilna**	**kiltu**	**kielu**

geben

	Stamm	**ta**	
	Befehlsform	**agħti** *(Ez)*, **agħtu** *(Mz)*	
	ich / wir	du / ihr	er, sie / sie (Mz)
Gegenwart Ez	**nagħti**	**tagħti**	**jagħti, tagħti**
Gegenwart Mz	**nagħtu**	**tagħtu**	**jagħtu**
Vergangenheit Ez	**tajt**	**tajt**	**ta, tat**
Vergangenheit Mz	**tajna**	**tajtu**	**taw**

gehen

	Stamm	**mar**	
	Befehlsform	**mur** *(Ez)*, **morru** *(Mz)*	
	ich / wir	du / ihr	er, sie / sie (Mz)
Gegenwart Ez	**mmur**	**tmur**	**jmur, tmur**
Gegenwart Mz	**mmorru**	**tmorru**	**jmorru**
Vergangenheit Ez	**mort**	**mort**	**mar, marret**
Vergangenheit Mz	**morna**	**mortu**	**marru**

glauben

	Stamm	**(w)emmen**	
	Befehlsform	**emmen** *(Ez)*, **emmnu** *(Mz)*	
	ich / wir	du / ihr	er, sie / sie (Mz)
Gegenwart Ez	**nemmen**	**temmen**	**jemmen, temmen**
Gegenwart Mz	**nemmnu**	**temmnu**	**jemmnu**
Vergangenheit Ez	**emmint**	**emmint**	**emmen, emmnet**
Vergangenheit Mz	**emminna**	**emmintu**	**emmnu**

kommen

Stamm **ġie**
Befehlsform **ejja** *(Ez)*, **ejjew** *(Mz)*

ich / wir	du / ihr	er, sie / sie (Mz)	
niġi	**tiġi**	**jiġi, tiġi**	*Gegenwart Ez*
niġu	**tiġu**	**jiġu**	*Gegenwart Mz*
ġejt	**ġejt**	**ġie, ġiet**	*Vergangenheit Ez*
ġejna	**ġejtu**	**ġew**	*Vergangenheit Mz*

nehmen

Stamm **ħa**
Befehlsform **ħu** *(Ez)*, **ħudu** *(Mz)*

ich / wir	du / ihr	er, sie / sie (Mz)	
nieħu	**tieħu**	**jieħu, tieħu**	*Gegenwart Ez*
nieħdu	**tħudu**	**jħudu**	*Gegenwart Mz*
ħadt	**ħadt**	**ħa, ħadet**	*Vergangenheit Ez*
ħadna	**ħadtu**	**ħadu**	*Vergangenheit Mz*

sagen

Stamm **qal**
Befehlfsorm **għid** *(Ez)*, **għidu** *(Mz)*

ich / wir	du / ihr	er, sie / sie (Mz)	
ngħid	**tgħid**	**jgħid, tgħid**	*Gegenwart Ez*
ngħidu	**tgħidu**	**jgħidu**	*Gegenwart Mz*
għedt	**għedt**	**qal, qalet**	*Vergangenheit Ez*
għedna	**għedtu**	**qalu**	*Vergangenheit Mz*

sehen

Stamm **ra**
Befehlsform **ara** *(Ez)*, **araw** *(Mz)*

ich / wir	du / ihr	er, sie / sie (Mz)	
nara	**tara**	**jara, tara**	*Gegenwart Ez*
naraw	**taraw**	**jaraw**	*Gegenwart Mz*
rajt	**rajt**	**ra, rat**	*Vergangenheit Ez*
rajna	**rajtu**	**raw**	*Vergangenheit Mz*

wissen

	Stamm	**(j)af** (wissen)	
	Befehlsform	**af** (Ez), **afu** (Mz)	
	ich / wir	du / ihr	er, sie / sie (Mz)
Gegenwart Ez	**naf**	**taf**	**jaf, taf**
Gegenwart Mz	**nafu**	**tafu**	**jafu**
Vergangenheit Ez	**kont naf**	**kont taf**	**kien jaf, kienet taf**
Vergangenheit Mz	**konna nafu**	**kontu tafu**	**kienu jafu**

Filfla

Maltesisch lernen ohne Stress!
Der Kauderwelsch AusspracheTrainer macht die wichtigsten Sätze und Redewendungen aus dem Konversationsteil dieses Kauderwelsch-Buches (gekennzeichnet mit 👂) auf Audio-CD hörbar.
Aufbau des Kauderwelsch AusspracheTrainers:
● zuerst wird der deutsche Satz gesprochen,
● dann die maltesische Übersetzung.
● Darauf folgt eine Sprechpause, in der der maltesische Satz nachgesprochen und geübt werden kann.
● Zur Kontrolle folgt abschließend noch einmal der maltesische Satz.
● € 7,90 [D]
● ISBN 978-3-8317-6188-3
www.reise-know-how.de

Schilderwald an der Uni

Die Wortlisten enthalten einen Grundwortschatz von ca. 1000 Wörtern. Vokabular, das man in den einzelnen Kapiteln nachschlagen kann, ist hier nicht immer aufgeführt.

Hauptwörter

Das grammatische Geschlecht der Hauptwörter ist immer angegeben.

In der Wortliste „Maltesisch – Deutsch" werden die Hauptwörter – wo es sinnvoll erscheint – nach dem Komma auch in der Mehrzahl angegeben. Bei einigen Hauptwörtern ist die kollektive Mehrzahl (abgekürzt „koll") angegeben.

Eigenschaftswörter

Die Eigenschaftswörter stehen in der Reihenfolge: männlich, weiblich, Mehrzahl.

Tätigkeitswörter

Die Tätigkeitswörter stehen in der 3. Person Einzahl männlich in der Vergangenheit („er") und an zweiter Stelle in der zweiten Person Einzahl Gegenwart („du"). Eine Grundform (Infinitiv) gibt es nicht.

Endungen / Tilde

Immer dann, wenn nur Endungen angehängt werden, ist das übrige Wort durch eine Tilde (˜) ersetzt.

A

(der/die/das) gleiche l-istess
Abend lejl (m), filgħaxija (w)
Abendessen ċena (w)
aber iżda, imma
abfahren telaq, titlaq
Abfall żibel (m), skart (m)
abgeschlosen msakkar
abhängig von iddependa minn
ablehnen ċaħad, tiċħad
Abschied saħħa
Absicht għan (m)
Adresse indirizz (m)
ähnlich sein xebah, tixbah
Ähnlichkeit xebh (m)
allein waħdi
alles kollox

allmählich ftit ftit
als minn
alt (Ding) qadim; (Mensch) xiħ
anbieten offra, toffri
andauernd kostanti, kontinwu
andere(r) oħra, ieħor, oħrajn
anfangen beda, tibda
Angelegenheit affari (w)
Angestellter impjegat (m)
Angst biża'
ängstlich beżgħan
Anhöhe għolja (w)
ankommen wasal, tasal
Anlass kawża (w)
anrufen ċempel, iċċempel
anschaffen xtara, tixtri
anschreien għajjat, tgħajjat
anstelle minflok, flok
Anstieg telgħa (w)
Anstrengung sforz (m)
Antwort tweġiba, risposta (w)
antworten wieġeb, twieġeb
Anzeige protokoll (m)
anziehen libes, tilbes
Anzug libsa (w)
Apfel tuffieħa (w)
Apfelsine larinġa
Apotheke spiżerija (w)
Aprikose berquqa (w)
Araber Għarbi (m)
Arbeit xogħol (m)
arbeiten ħadem, taħdem
Arbeiter ħaddiem (m)
ärgerlich sein għadab, tagħdab
arm fqir
armselig imcejken
Arzt tabib (m)
Arztrezept riċetta ta' tabib
auch ukoll
auf fuq
Aufenthalt qagħda (w)
aufhören waqaf, tieqaf
aufstehen qam, tqum
aufsteigen tela', titla'
aufstellen bena, tibni
Auge għajn (w)
Augenblick mument (m)
Augentropfen qtar tal-għajnejn
ausführen kompla, tkompli
Ausgang ħruġ (m)
ausgehen ħareġ, toħroġ
Ausländer barrani (m)
außen barra
außer għajr
aussteigen niżel, tinżel
Ausstellung wirja (w)
Auto karozza (w)
Autobus karozza tal-linja (w)

B

Baby tarbija (w)
Bad banju (m)
Balkon gallarija (w)
Banane banana (w)
Bastion sur (m)
Bauer bidwi (m)
Baum siġra (w)
beabsichtigen ħaseb, taħseb; ried, trid
beantworten wieġeb, twieġeb
bedauerlicherweise sfortunatament
bedenken ħaseb, taħseb
bedrohen hedded, thedded
Bedürfnis bżonn (m)

beenden spiċċa, tispiċċa
Befreiung ħelsien (m)
begehren xtaq, tixtieq
beginnen beda, tibda
behandeln ittratta, tittratta
Behandlung trattament (m)
bei għand
Beine riġlejn (Mz)
Bekleidung ilbies, ħwejjeġ (Mz)
bekommen kiseb, tikseb
Belagerung assedju (m)
belästigen dejjaq, iddejjaq
beleuchten dawwal, iddawwal
Bemühung sforz (m)
benötigen hemm bżonn
benutzen uża, tuża
bereit lest
Bericht rapport (m)
beruhigen (sich) bired, tibred
berühren mess, tmiss
beschädigen ħassar, tħassar
beschädigt mħassar
beschreiben fisser, tfisser
Beschwerde tgemgim (m)
Besitzer sid (m)
besser als aħjar minn
Bestellung prenotazzjoni (w)
Besuch żjara (w)
besuchen żar, iżżur
betrunken fis-sakra
Bett sodda (w)
beurteilen ikkritika, tikkritika
bewegen ċaqlaq, iċċaqlaq
bezahlen ħallas, tħallas
Bier birra (w)
billig irħis
bis jetzt s'issa
bisschen biċċa (w), ftit
bitte jekk jogħġbok
bitten talab, titlob
bitter morr
Blatt (Pflanze) werqa (w); (Papier) karta (w)
blau ikħal
blind agħma
Blume fjura (w)
Blut demm (m)
Boden qiegħ (m)
Bohnen (dicke gelbe) ful (koll)
Bohnen (grüne) fażola (koll)
Botschaft ambaxxata (w)
Botschafter ambaxxatur (m)
braun kannella, ismar
Braut għarusa (w)
Bräutigam għarus (m)
Brief ittra (w)
Briefmarke bolla (w)
bringen ġieb (ġab), iġġib
Brot ħobż (m)
Bruchsteinmauer ħajt tas-sejjieħ
Brücke pont (m)
Bruder ħu (m)
Buch ktieb (m)
Bücherei librerija (w)
Büchse landa (w), bott (m)
Büro uffiċċju (m)
Bushaltestelle bus stop (m)
Butter butir (m)

C

Chamäleon kamaleonte (m)
Charakter karattru (m)
Christ / -lich nisrani

D

da hemm
dafür għalhekk
dahin hemmhekk
damals ilu ħafna
danach, dann imbagħad
danke grazzi
danken irringrazzja, tirringrazzja
darum għax
das bedeutet jiġifieri
das gefällt mir jogħġobni
das heißt jismu
das ist es! daqshekk!
dasselbe l-istess, xorta waħda
Dattel tamal (koll)
dazwischen bejn
Decke (Bett) gverta (w), kutra (w); (Raum) saqaf (m)
Demokratie demokrazija (w)
denken ħaseb, taħseb
Deutsche Ġermaniżi (Mz)
Deutschland Ġermanja
dick oħxon
Dieb ħalliel (m)
Dienstag it-Tlieta
diese(r) dak, dik, dawn
Ding ħaġa (w)
Donnerstag il-Ħamis
Doppelbett sodda ta' tnejn (w)
Dorf raħal (m)
Dose kaxxa (w)
draußen barra
dreckig maħmuġ
drinnen ġewwa
du / du bist inti
dumm stupidu
dunkel mudlam
dünn magħlub
Durst għatx (m)
Dusche doċċa (w)

E

Ehefrau mara
Ehemann raġel
Ei bajd (koll)
Eile għaġla (w)
einfach faċli
Eingang dħul (m), daħla (w)
eingeladen mistieden
Einkauf xirja (w)
einladen stieden, ti stieden
Einladung stedina (w)
einmal darba
einpacken ippakkja, tippakkja
einst darba waħda
einsteigen daħal, tidħol
einstimmig flimkien
eintreten daħal, tidħol
Eintrittskarte biljett (m)
Einzelbett sodda tal-wieħed (w)
Einzelzimmer kamra tal-wieħed
empfangen rċieva, tirċievi
England l-Ingilterra
entschuldigen (sich) skużi, nitlob skuża
Entschuldigung skuża (w), apoloġija (w)
entzündet infettiv
Entzündung infezzjoni (w)
er / er ist huwa
Erbsen piżelli (koll)
Erdbeeren frawli (koll)
Erde art (w)
Ereignis ġrajja (w)
Erfolg success (m)
erhalten (bekommen) rċieva, tirċievi

erinnern (sich) ftakar, tiftakar
Erinnerung memorja (w)
erklären fisser, tfisser
erlauben ippermetta, tippermetti
Erlaubnis permess (m)
ermäßigen irriduċa, tirriduċi
Ermäßigung riduzzjoni (w)
erreichen wasal, tasal
errichten bena, tibni
erscheinen deher, tidher
erschöpft għajjien
Erschöpfung eżawriment (m)
essen kiel, tiekol
Essen ikel (m)
Essig ħall (m)
etwas (ein wenig) xi ħaġa, ftit
etwas weniger anqas
exakt eżatt, appuntu, sewwasew
Examen eżami (m)
Experte espert (m)

F

Fähigkeit ħila (w)
Fähre vapur (m)
fahren saq, issuq
Fahrkarte biljett (m)
Fahrpreis ħlas (m)
Fahrrad bajsikil (w), rota (w)
falls jekk
falsch ħażin
Familie familja (w)
Farbe kulur, lewn (m)
fast għal ftit, kważi
faul (nicht fleißig) għażżien
Fehler żball (m)
Feige farkizzana, tin (w)
fein fin
feindlich ostili
Feld għalqa (w)
Fenster tieqa (w)
Ferien vaganza (w)
fertig lest
fertigstellen kompla, tkompli
Fest festa (w)
fest qawwi, sħiħ
fett oħxon
Feuer nar (m)
Feuerwerk logħob tan-nar
Feuerzeug lajter (m)
Fieber deni (m)
finden sab, issib
Fisch ħut (koll)
flach ċatt
Flasche flixkun (m)
Fleisch laħam (m)
fleißig bieżel
Flughafen ajruport (m)
Flugzeug ajruplan (m)
Fotograf fotografu (m)
Fotografie ritratt (m)
fragen staqsa, nistaqsi
Frau mara (w), nisa (Mz)
Freiheit ħelsien (w)
Freitag il-Ġimgħa
Freude hena (w)
Freund ħabib (m)
Freundin ħabiba (w)
freundlich dħuli
Frieden sliem (m)
Friedhof ċimiterju (m)
frisch frisk
froh ferħan
früh kmieni
Frühling rebbiegħa (w)
Frühstück brekfast (m), kolazzjon (m)
fühlen ħass, tħoss
für għal
Fuß sieq (w)

G

Gabel furketta (w)
Garten ġnien (m)
Gebäude bini (koll)
geben ta, tagħti
gebraten moqli
Gebrauch użu (m)
Gedanke ħsieb (m)
gefährlich perikoluż
gefallen (leiden mögen) għoġob, togħġob
Gefängnis ħabs (m)
gefüllt mimli
gegen (dagegen) kontra; (zeitl.) lejn
gegenüber biswit
gegrillt mixwi
gehackt imqatta'
Gehalt paga
gehen mar, tmur
Gehirn moħħ (m)
Geist (Seele) ruħ (w)
geizig xħiħ
gekocht mgħolli
gelb isfar
Geld flus (Mz)
gelegentlich xi darba, kultant
Gemüse ħaxix (koll)
genau eżatt
Genehmigung konċessjoni (w)
genug biżżejjed
geradeaus dritt
Gerechtigkeit is-sewwa (m)
Geschäft ħanut (m)
geschlossen magħluq
Gesetz liġi (w)
Gesicht wiċċ (m)
gestern ilbieraħ
gestohlen misruq
Gesundheit saħħa (w)
Gewissen kuxjenza (w)
Gewitter tempesta (w), maltemp (m)
gierig xħiħ
Glas (Gefäß) tazza (w); (Material) ħġieġ (koll)
gläsern tal-ħġieġ
glaubwürdig kredibbli
Gleichheit xebh (m)
Glück ferħ (m)
glücklich ferħan
Glückwünsche xewqat sbieħ (Mz)
Gottesdienst quddiesa (w)
Granatapfel rummiena (w)
gratis gratis, bla ħlas
Grippe riħ (m)
grob aħrax
groß kbir
großgewachsen (lang) twil
großzügig ġeneruż
Grund raġun (m)
gültig tajjeb, validu
gut tajjeb
gute Nacht il-lejl it-tajjeb

H

Haar xagħar (m)
haben għand-... (+ Personalendung)
Hackfleisch kapuljat (m)
Hafen port (m)
Hals (Nacken) għonq (m)
Halsschmerzen uġigħ tal-griżem
halten waqaf, tieqaf
Hand id (w)
handeln ftiehem, tiftiehem
Handtuch xugaman (m)
hässlich ikrah
Haus dar (w)
heilig qaddis

heißen (ich heiße) jisimni
helfen għen, tgħin
Hemd qmis (w)
Herbst ħarifa (w)
Herr sinjur (m)
Herz qalb (w)
heute illum
hier hawn
Hilfe għajnuna (w)
Himmel sema (m)
hinaufgehen tela', titla'
hinter wara
hinuntergehen niżel, tinżel
hinzufügen żied, (i)żżid
hoch għoli
Hochzeit tieġ (m)
hoffen ittama, tittama
Hoffnung tama (w)
Holz injam (koll)
Honig għasel (m)
hören sama', tisma'
Hose qalziet (m)
Hotel lukanda (w)
Huhn tiġieġ (koll)
Hund kelb (m)
Hunger ġuħ (m)

I

ich / ich bin jiena
Idee idea (w)
ihr / ihr seid intom
immer dejjem
immer noch għad
in ġo, fi
inmitten fost
innen ġewwa
Insel gżira (w)
interessant interessanti
irgendwie insomma
irgendwo x'imkien
Italien l-Italja
Italiener Taljani (Mz)

J

ja iva
Jahr sena (w)
jede(r) kull; (Personen) kulħadd
jeden Tag kull jum
jemand xi ħadd
jene(r) dak, dik, dawk
jetzt issa
jung żagħżugħ
Junge tifel

K

Kaffee kafè (m)
Kaktusfeige bajtar tax-xewk
kalt / Kälte kiesaħ / bard (m)
Kamerad sieħeb (m)
Kaninchen fenek (m)
kaputt mħassar
kaputt machen ħassar, tħassar
Karren karettun (m)
Kartoffel/n patata (w+koll)
Käse ġobon (m)
Kater qattus (m)
Katze qattusa (w)
kaufen xtara, tixtri
kein mhux
keine Ahnung m'għandix idea
kennen għaraf, tagħraf
Kinder tfal, ulied
Kino ċinema (m)
Kirche knisja (w)
klar / klar doch mela, dażgur
kleben (festkleben) weħel, teħel

Kleid libsa (w)
klein żgħir
Kleingeld żgħar (Mz)
Kneipe ħanut tax-xorb
Knie rkobba (w)
Knoblauch tewm (koll)
kochen għalla, tgħalli; sajjar, ssajjar
Kochrezept riċetta tat-tisjir
Kollege kollega (m), sieħeb (m)
kommen ġie, tiġi
Kompliment kumpliment (m)
können seta', tista'
Kopf ras (w)
Kopfkissen mħadda (w)
Körper ġisem (m)
krank marid
Krankenhaus sptar (m)
Kreuz salib (m)
kritisieren ikkritika, tikkritika
Küche kċina (w)
Kuh baqra (w)
kurz qasir
Kuss bewsa (w)

L

lachen daħak, tidħak
Laden ħanut (m)
Lamm ħaruf (m)
Lampe lampa (w), fanal (m)
Land art (w), pajjiż (m)
lang twil
langsam bil-mod
lassen ħalla, tħalli
laufen mexa, imxi
Leben ħajja (w)
leben għex, tgħix
Leber fwied (m)
lecker tajjeb
Leder ġild (m)
leer vojt
lehren għallem, tgħallem
Lehrer għalliem (m)
leicht ħafif
leichtsinnig bla ħsieb
lernen tgħallem, titgħallem
lesen qara, taqra
letzter l-aħħar
letztes Jahr is-sena li għaddiet
Leute nies (Mz)
Licht dawl (m)
lieb għażiż
Liebe mħabba (w)
lieben ħabb, tħobb
links xellug
loben faħħar, tfaħħar
Loch toqba (w)
Löffel mgħarfa (w)
Lohn paga, ħlas ta' xogħol
Lüge / Lügner gidba / giddieb
lügen gideb, tigdeb

M

machen għamel, tagħmel
Mädchen tifla
Magen stonku (m)
Magenschmerzen uġigħ ta' stonku
manchmal xi drabi, kull tant
Mann raġel (m)
Markt suq (m)
Markttag ġurnata tas-suq
Maschine magna (w)
Medizin mediċina (w)
Meer baħar (m)

Mehl dqiq (m)
mehr iżjed, aktar
Mehrheit maġġoranza (w)
meinen ħaseb, taħseb
meinetwegen ma jimpurtax
Meinung fehma (w), opinjoni (w)
Melone (Honig~) bettieħa (w); (Wasser~) dulliegħa (w)
Messer sikkina (w)
Miete kera (m)
mieten kera, tikri
Milch ħalib (m)
mindestens għall-inqas
Minister ministru (m)
Minute minuta (w)
mischen (mixen) ħallat, tħallat
mit ma', bi
Mittag nofsinnhar
Mitternacht nofs il-lejl
Mittwoch l-Erbgħa
möchten xtaq, tixtieq
möglich possibbli
Monat xahar (m)
Mond qamar (m)
Montag it-Tnejn
morgen għada
Morgen għodwa (w)
morgens fil-għodu
Mücke nemusa (w)
müde għajjien
Mühe sforz (m)
Müll żibel (m), skart (m)
Mund fomm (m), ħalq (m)
Museum Mużew (m)
Musik mużika (w)
Muskel muskolu (m)
Mutter omm (w)

N

nach (Richtung) sa; (Reihenfolge) wara
Nachbar ġar (m), ġirien (Mz)
nachdenken irrifletta, tirrifletti
Nachmittag wara nofsinnhar
Nachrichten aħbarijiet (Mz)
nächstes Jahr is-sena li ġejja
Nacht lejl (m)
nahe bei qrib
nähen ħiet, tħit
Name isem (m)
nämlich jiġifieri
nass imxarrab
natürlich (na klar) mela
neben ħdejn
nehmen ħa, tieħu
nein le
Nerven nervi (Mz)
nervös nervuż
neu ġdid
nicht (wahr) mhux (veru)
nicht nötig m'hemmx bżonn
nichts xejn
Niederlande l-Olanda
niedrig baxx
niemals qatt
niemals zuvor qatt qabel
Norden tramuntana
normal normali
nötig hemm bżonn
Nummer numru (m)
nur biss

O

oben fuq
oder jew
offen miftuħ
öffnen fetaħ, iftaħ
oft ħafna drabi, sikwit

ohne mingħajr, bla
Olive żebbuġa (w)
ordentlich kollox bl-ordni, pulit, nadif
Osten lvant

P

Partei partit (m)
Pass passaport (m)
Person persuna (w)
Petersilie tursin (koll)
Pfeffer bżar (m)
Pferd żiemel (m)
Pfirsich ħawħ (koll)
Pflanze pjanta (w)
Platz misraħ (m)
plaudern paċpaċ, tpaċpaċ
plötzlich għal għarrieda
Polizei pulizija
Postamt uffiċċju tal-posta
Postkarte kartolina (w)
Preis prezz (m)
Preisliste lista ta' prez-zijiet
probieren ipprova, tipprova
Prost! għal saħħitkom
pünktlich fil-ħin
putzen naddaf, tnaddaf

R

Rat parir (m)
ratlos perpless, mifxul
Ratte ġurdien (m)
rau aħrax
rauchen pejjep, tpejjep
Rechnung kont (m)
Recht raġun (m)
rechts lemin
reden kellem, tkellem
Regen xita (w)
reich għani
reifen sar, issir
Reis ross (koll)
reiten rikeb, tirkeb
Religion reliġjon (w)
religiös reliġjuż
rennen ġera, tiġri
Rennen tiġrija (w)
Republik repubblika (w)
Respekt rispett (m)
Restaurant restorant (m)
Rezept riċetta (w)
richtig sewwa
Richtung direzzjoni (w), tmexxija (w)
riechen xamm, xxomm
Rikotta rkotta (w)
Rindfleisch ċanga (w)
rot aħmar
Rücken dahar (m)
rufen (laut) għajjat, tgħajjat
ruhig kalma, kwiet
rund tond
Rundfahrt dawra (w)

S

Sache ħaġa (w)
sagen qal, tgħid
Salat insalata
Salz melħ (m)
Samstag is-Sibt
Sand ramel (m)
Satz sentenza (w)
sauber nadif, pulit
säubern naddaf, tnaddaf
sauer qares
Schachtel kaxxa (w)
Schaden dannu (m)
Schaf nagħġa (w)
Schande għajb (m)
Scheck ċekk (ta' bank)
Schere mqass (m)
Scherereien inkwiet (m)
Scherz ċajta (w)
scherzen iċċajta, tiċċajta
scheußlich waħxi
schicken bagħat, tibgħat

Schinken perżut (m)
schlafen raqad, torqod
schläfrig bi ngħas
schlagen sawwat, ssawwat
schlau bravu
schlecht ħażin
schließen għalaq, tagħlaq
Schlüssel ċavetta (w)
Schmerz uġigħ (m)
schmutzig maħmuġ
Schnecke bebbuxa (w)
schneiden qatta', tqatta'
schnell malajr
schon ġa, diġà
schön sabiħ
schreiben kiteb, tikteb
schreien għajjat, tgħajjat
Schublade kexxun (m)
Schuhe (Paar) żarbun (m)
Schule skola (w)
Schüssel skutella (w)
schwach debboli
schwanger tqila
schwarz iswed
schweigen siket, tiskot
Schwein ħanżir (m)
Schweinefleisch laħam tal-majjal (m)
schwer tqil
Schwester oħt
schwierig diffiċli
schwimmen għam, tgħum
See għadira (w)
Seele ruħ (w)
sehen ra, tara
sehr ħafna
Seife sapuna (w)
Sekunde sekonda (w)
setzen, sich poġġa, tpoġġi
sicher żgur
sie / sie ist hija
Silber fidda (w)
Sinn moħħ (m), sens (m)
so hekk
sofort dalwaqt
Sohn iben (m)
Sommer sajf (m)
Sonne xemx (w)
Sonntag il-Ħadd
sonst inkella, altrimenti
sorgfältig attent
Spaß gost (m)
spät tard
Spaziergang mixja (w), passaġġata (w)
Spiegel mera (w)
spielen lagħab, tilgħab
Sprache lsien (m), lingwa (w)
sprechen tkellem, titkellem
Stadt belt
Stadtplan mappa tal-belt
stark qawwi
starten telaq, titlaq
stattfinden sar, issir
stehlen seraq, tisraq
stellen (legen) poġġa, tpoġġi; (platzieren) qiegħed, tqiegħed
Stern kewkba (w)
Stimme leħen (m)
stoppen waqaf, tieqaf
Strand xatt (m)
Straße triq (w)
Stück biċċa (w)
studieren studja, tistudja
Stuhl siġġu (m)
Stunde siegħa (w)
suchen fittex, tfittex
Süden nofsinnhar
süß ħelu

T

Tablette pillola (w)
Tag ġurnata (w)

tanzen żifen, tiżfen
Tasche borża (w)
Tasse kikkra (w)
taub trux
Tee te (m)
Teelöffel kuċċarina (w)
telefonieren ċempel, (i)ċċempel
Telegramm telegramma (w)
Teller platt (m)
Termin appuntament (m)
teuer għali
Theater teatru (m)
tief tond
Tier annimal (m)
Tisch mejda (w)
Toastbrot ħobż mixwi
Tochter bint (w)
Toilette tojlit (m)
Tomaten tadam (koll)
Topf borma (w)
tot mejjet
tragen ġarr, (i)ġġorr; (Kleidung) libes, tilbes
Traube għeneb (koll)
treffen ltaqa', tiltaqa'
Treppe taraġ (Mz)
trinken xorob, tixrob
Trinkgeld tipps (Mz)
trotzdem imma, madankollu
Tür bieb (m)

U

über fuq
überall kullimkien
übermorgen pitgħada
Überraschung sorpriża (w)
umarmen għannaq, tgħannaq
umsonst għalxejn, b'xejn
Unabhängigkeit indipendenza (w), ħelsien (m)
und u
ungefähr kważi
Unglück (Katastrophe) diżastru (m)
Universität Università (w)
unmöglich impossibbli
unter taħt
unter anderem fost
unterscheiden iddistingwa, tiddistingwi
unterschreiben iffirma, tiffirma
Urlaub vaganza (w)

V

Vater missier (m)
Verantwortung responsabbiltà (w)
verborgen mudlam
verboten ipprojbit
vergessen nesa, tinsa
Vergnügen pjaċir, gost
verhandeln ftiehem, tiftiehem
verheiratet miżżewweġ
verkaufen biegħ, tbigħ
verlassen ħalla, tħalli
verletzen (körperl.) weġġa', tweġġa'; (seel.) offenda, toffendi
verlieren tilef, titlef
vermieten kera, tikri
Vernunft dehen
verrückt miġnun
verschlossen msakkar
verstehen fehem, tifhem
verteilen firex, tifrex
vertraut għażiż
verwirren ħawwad, tħawwad
verwundet werden korra, tkorri
verzeihen ħafer, taħfer
viel ħafna

vielleicht forsi, jista' jkun
Vogel għasfur (m)
voll mimli
von ta'
vor (zeitl.) qabel; (örtl.) quddiem
Vorfall każ, ġrajja
vorgestern il-biraħtlula
Vorstellung wirja (w)

W

wachsen sar, issir
Wahl għażla (w)
wählen għażel, tagħżel
während filwaqt, waqt
Wahrheit is-sewwa
wahrscheinlich aktarx
wann? meta
warm sħun
warten stenna, tistenna
warum? għaliex
was noch? x'aktar, x'iżjed?
was? xi?
waschen ħasel, taħsel
Wasser ilma (m)
wechseln (tauschen) bidel, tibdel; (Geld) sarraf, ssarraf
wegnehmen neħħa, tneħħi
weich artab
weil għaliex, għax
Wein inbid (m)
weinen beka, tibki
weiß abjad
weit bogħod
welche(r) liema
Welt dinja (w)
wenig ftit
weniger anqas
wenigstens għall-inqas
wenn (zeitl.) meta; (falls) jekk
wenn möglich jekk jista' jkun, jekk hu possibbli
wer? min
werden sar, issir
werfen tefa', titfa'
Westen punent
wichtig importanti
wie (so wie) bħal
wie? kif
wie bitte? x'inhu?
wie oft? kemm-il darba
wie viel? kemm
wiederholen reġa', terġa'
Wiedersehen saħħa
Willkommen! merħba
Wind riħ (m)
Winter xitwa (w)
wir / wir sind aħna
wirklich tassew
wissen kien jaf, taf
wo? / wohin? fejn
Woche ġimgħa (w)
Wohlstand prosperità (w)
wohnen qagħad, toqgħod
wollen ried, trid
Wort kelma (w)
Wunde ġerħa (w)
Wunsch xewqa (w)
wünschen xtaq, tixtieq

Z

Zahl numru (m)
Zahn sinna (w), snien
zeig mir urini
zeigen wera, turi
Zeit ħin (m)
Zeitraum żmien (m)
Zeitung gazzetta (w)
zerdrücken / zerquetschen għaffeġ, tgħaffeġ
zerstören qered, teqred
Zeuge xhud (m)

ziehen ġibed, tiġbed
Zimmer kamra (w)
Zitrone lumija (w)
Zollamt dwana (w)
Zorn rabja (w)
zu lil
zu Fuß bil-mixi
zu viel iżżejjed, wisq
Zucker zokkor (koll)
zuerst għall-ewwel, fil-bidu
zufrieden kuntent
zum ersten Mal għall-ewwel darba
Zunge ilsien (m)
zurück lura
zurückkehren irritorna, tirritorna
zusammen flimkien
Zustand sitwazzjoni (w)
zustimmen qabel, taqbel
Zweifel dubju (m)
Zwiebel basla (w)

Wortliste Maltesisch – Deutsch

A

abjad, bajda, bojod weiß
affari (w), **~jiet** Sache, Angelegenheit
agħma, għamja, għomja blind
aħbar (w), **~ijiet** Neuigkeit, Nachrichten
aħdar, ħadra, ħodor grün
aħfirli verzeih mir
aħjar minn besser als
aħmar, ħamra, ħomor rot
aħna wir, wir sind
aħrax, ħarxa, ħorox rau, hart, grob, scharf, uneben
ajruport (m) Flughafen
aktar mehr
aktarx wahrscheinlich
ambaxxata (w) Botschaft
ambaxxatur (m) Botschafter
annimal (m), **~i** Tier
anqas weniger
apoloġija (w) Entschuldigung
appuntament (m), **~i** Termin
appuntu genau
art (m), **~ijiet** Land
artab, ratba, rotob weich
assedju (m) Belagerung
attent, ~a, ~i aufmerksam

B

bagħat, tibgħat schicken
baħar (m) Meer
bajd (koll) Eier
bajd iebes Ei hartgekocht
bajd imħawwad Rührei
bajd mgħolli Ei weichgekocht
bajda moqlija Spiegelei
bajsikil (w) Fahrrad
bajtar tax-xewk Kaktusfeigen
banana (koll) Bananen
banju (m) Bad
baqra (w) Kuh
bard (m) Kälte
barra draußen
barrani (m), **~ja, ~n** Ausländer
basal (koll) Zwiebeln
baxx, ~a, ~i niedrig
beda, tibda anfangen, beginnen
bejn dazwischen
beka, tibki weinen
belt (w), **bliet** Stadt
bena, tibni bauen, errichten
berquq (koll) Aprikosen
bettieħ (koll) Melonen
bewsa (w) Kuss
beżgħan, ~ija, ~in ängstlich
bħal wie
bi mit
bi ngħas schläfrig
biċċa (w), **biċċiet** Stückchen
biċċa żgħira ein bisschen
bidel, tibdel wechseln, austauschen

bidwi, ˜ja, bdiewa Bauer
bieb (m), **bibien** Tür
biegħ, tbigħ Verkaufen
biex um zu
bieżel, bieżla, beżlin fleißig, sorgfältig
bigilla (w) Türkischer Salat
biljett (m), **˜i** Fahr-/Eintrittskarte
bil-mixi zu Fuß
bil-mod langsam
bini (koll) Gebäude
bint (w), **bniet** Tochter
bired, tibred abkühlen, beruhigen
birra (w) Bier
biss nur, bloß
bis-sewwa ordentlich
biswit gegenüber
biża' (w) Angst, Furcht
biżżejjed genug
bla ohne
bla dubju ohne Zweifel
bla ħlas umsonst, gratis
bla ħsieb leichtfertig, gedankenlos
blat (koll) Felsen
bniedem (m), **bnedmin** Mensch
bogħod weit
bolla (w), **bolli** Briefmarke
bonġu guten Morgen
borma (w), **borom** (Koch-)Topf
borża (w) Tasche
bravu, ˜a, ˜i schlau
brekfast (m) Frühstück
butir (m) Butter
bżar (koll) Pfeffer
bżar aħdar grüne Paprika
bżonn (m) Bedürfnis

C

ċajta (w) Scherz
ċanga (w) Rindfleisch
ċaqlaq, iċċaqlaq bewegen
ċatt, ˜a, ˜i flach
ċavetta (w), **ċwievet** Schlüssel
ċekk (ta' bank) Bankscheck
ċempel, (i)ċċempel anrufen
ċena (w) Abendessen
ċimiterju (m) Friedhof
ċinema (m) Kino
ċirasa (w+koll) Kirschen

D

dahar (m) Rücken
daħak, tidħak lachen
daħal, tidħol eintreten
daħla (w) Eingang
dak kollox das ist alles
dalwaqt sofort
dannu (m), **danni** Schaden
daqshekk das ist es
dar (w), **djar** Haus
darba einmal
darba waħda einst
dawl (m), **dwal** Licht
dawra (w) Rundfahrt, Ausflug
dawwal, iddawwal beleuchten
debboli schwach
dehen (m) Klugheit, Vernunft
deher, tidher (er)scheinen
dejjaq, iddejjaq belästigen
dejjaq, dejqa, dojoq eng
dejjem immer
demm (m) Blut
demokrazija (w) Demokratie

deni (m) Fieber
dħul (m) Eingang
dħuli, ˜ja, ˜n freundlich
diffiċli schwierig
dinja (w) Welt, Universum
direzzjoni (w) Richtung
dixx (m) Schüssel, Platte
diżastru (m) Unglück
dlam (m) Dunkelheit
doċċa (w) Dusche
dqiq (m) Mehl
dritt geradeaus
dubju (m) Zweifel
dulliegħ (koll) Wassermelonen
dwana (w) Zoll

E

edukazzjoni (w) Erziehung
ejja! komm!
espert (m) Experte
evviva! prost!
Ewropa Europa
eżami (m) Examen
eżatt exakt
eżawriment (m) Erschöpfung

F

faċli einfach
faħħar, tfaħħar loben
familja (w) Familie
fanal (m) Laterne, Lampe
farkizzan (koll) Feigen
fażola (w+koll) (grüne) Bohnen
fehem, tifhem verstehen, meinen
fehma (w) Meinung, Übereinstimmung
fejn wo, wohin
fenek (m), **fniek** Kaninchen
ferħ (m) Glück
ferħan, ˜a, ˜in glücklich
festa (w) Fest
fetaħ, tiftaħ öffnen
fi in
fidda (w) Silber
fil-bidu am Anfang, zuerst
fil-fatt eigentlich
fil-għaxija am Abend, abends
fil-għodu morgens, am Vormittag
fil-ħin pünktlich
fil-każ li im Falle, dass
filwaqt während
fin, ˜a, ˜i fein
firex, tifrex ausbreiten, verteilen
fis-sakra betrunken
fisser, tfisser erklären, beschreiben
fittex, tfittex suchen
fjura (w), **fjuri** (Mz) Blumen
flimkien zusammen
flixkun (m), **fliexken** Flasche
flus (Mz) Geld
fomm (m) Mund
fond tief
forsi vielleicht
fost unter anderem, inmitten
fotografu (m) Fotograf
fqir, ˜a, fqar arm
frawla (w), **frawli** (koll) Erdbeere
frażi (f), ˜jiet Satz
frisk, ˜a, ˜i frisch
ftakar, tiftakar (sich) erinnern
ftiehem, tiftiehem verhandeln
ftit wenig
ful (koll) (dicke gelbe) Bohnen
fuq auf

fuq kollox vor allem
furketta (w), **frieket** Gabel
fwied (m) Leber

Ġ

ġa, diġà schon
ġar (m), **˜a, ġirien** Nachbar
ġarr, (i)ġġorr tragen
ġdid, ˜a, ġodda neu
ġeneruż, ˜a, ˜i großzügig
ġenn (m) Wahnsinn, Verrücktheit
ġera, tiġri rennen
ġerħa (w) Wunde
Ġermaniż (m), **˜a, ˜i** Deutscher
Ġermanja Deutschland
ġewwa drinnen
ġibed, tiġbed ziehen
ġie, tiġi kommen, ankommen
ġieb (ġab), (i)ġġib bringen
ġild (m) Leder
ġimgħa (w), **˜t** Woche
ġisem (m) Körper
ġnien (m), **ġonna** Garten
ġo in
ġobon (koll) Käse
ġrajja (w) Ereignis
ġuħ (m) Hunger
ġurdien (m), **ġrieden** Maus, Ratte
ġurnata (w), **ġranet** Tag

G

gallarija (w), **gallariji** Balkon
gazzetta (w) Zeitung
gidba (w) Lüge
giddieb (m) Lügner
gideb, tigdeb lügen
gost (m) Vergnügen
gradwali allmählich
grazzi danke
grigal Nordosten
gverta (w) Bettdecke
gżira (w) Insel

għ

għad immer noch
għada morgen
għadab, tagħdab sich ärgern
għadira (w), **għadajjar** See
għaġla (w) Eile
għajb (m) Schande
għajjat, tgħajjat anschreien, brüllen
għajjien, ˜a, għajjenin müde
għajn (w), **għajnejn** Auge
għajnuna (w) Hilfe
għajr außer
għal für
għal dejjem für immer / ewig
għal fejn weshalb?
għal ftit fast
għal għarrieda plötzlich, unerwartet
għala (le)warum (nicht)
għalaq, tagħlaq schließen
għalbiex um zu, womit
għalhekk dafür
għali, ˜ja, ˜jin teuer
għaliex warum?, weil
għalla, tgħalli kochen
għallem, tgħallem lehren
għall-ewwel zuerst
għall-ewwel darba zum ersten Mal

għall-inqas mindestens, wenigstens
għall-kiri zu mieten
għalqa (w), **għelieqi** Feld
għal xejn umsonst
għam, tgħum schwimmen
għamel, tagħmel machen
għand von, zu; haben
għani, għanja, għonja reich
għannaq, tgħannaq umarmen
għaraf, tagħraf erkennnen, kennen
Għarbi (m), **˜ja, Għarab** Araber
għarus (m) Bräutigam
għarusa (w) Braut
għasel (m) Honig
għasfur (m), **għasafar** Vogel
għax weil, darum
għażel, tagħżel wählen
għażiż, ˜a, għeżież lieb, vertraut
għażla (w) Wahl
għażżien, ˜a, għażżenin faul
għen, tgħin helfen
għex, tgħix leben
għodwa (w) Morgen
għoġob, togħġob gefallen
għoli, għolja, għoljin hoch
għolja (w) Anhöhe
għonq (m), **għenuq** Hals, Nacken

H

hawn hier
hedded, thedded bedrohen
hekk so
hemm da, dort
hemm bżonn benötigen
hena (w) Zufriedenheit, Freude

Ħ

ħa, tieħu nehmen
ħabb, tħobb lieben
ħabib, ˜a, ħbieb Freund
ħabs (m) Gefängnis
ħadd (m) niemand
ħaddiem (m), **˜a** (w+koll) Arbeiter
ħadem, taħdem arbeiten
ħafer, taħfer verzeihen
ħafif, ˜a, ħfief leicht
ħafna viel
ħafna drabi oft
ħaġa (w) Ding, Sache
ħajja (w), **ħajjiet** Leben
ħajt (m), **ħitan** Mauer
ħalib (m) Milch
ħall (m) Essig
ħalla, tħalli (ver-, los-)lassen
ħallas, tħallas zahlen, vergüten
ħallat, tħallat (ver)mischen
ħalliel (m) Dieb
ħalq (m) Mund
ħanin, ˜a, ħnien freundlich, lieb
ħanut (m) Geschäft, Laden
ħanut tax-xorb Bar
ħanżir (m), **˜a, ħnieżer** (Mz) Schwein
ħaraq, taħraq heiß; brennen
ħareġ, toħroġ ausgehen
ħarifa (w) Herbst
ħaruf (m) Lamm

ħaseb, taħseb (be)denken
ħasel, taħsel waschen
ħasra Jammer, Mitleid
ħass, tħoss fühlen, berühren
ħassar, tħassar beschädigen
ħawħ (koll) Pfirsiche
ħawwad, tħawwad verwirren
ħaxix (koll) Gemüse
ħażin, ~a, ħżiena schlecht, falsch
ħdejn nah, neben
ħelsien (m) Freiheit
ħelu, ħelwa, ħelwin süß
ħelu (koll) Süßigkeit
ħelwa (w) (Stück) Süßes
ħiet, tħit nähen
ħin (m) Zeit
ħġieġ (koll) Glas (Material)
ħila (w) Fähigkeit
ħlas (m) Bezahlung, Fahrpreis
ħobż (koll) Brot
ħobż mixwi Toastbrot
ħruġ (m) Ausgang
ħsieb (m) Gedanke, Idee
ħu (m) Bruder
ħuta (w), **ħut** (koll) Fisch

I

iben (m) Sohn
iċċajta, tiċċajta scherzen
iċċempel, ċempel anrufen
id (w), **idejn** (Mz) Hand
iddependa minn abhängig von
iddistingwa, tiddistingwi unterscheiden
idea (w) Idee
ieħor, oħra, oħrajn ein anderer, noch ein(e)
iffirma, tiffirma unterschreiben
ikel (m) Essen
ikħal, kaħla, koħol blau
ikkritika, tikkritika kritisieren, beurteilen
ikla (w) Mahlzeit
ikrah, kerha, koroh hässlich
il-lejl it-tajjeb gute Nacht
ilbieraħ gestern
ilbies (koll) Bekleidung
ilbiraħtlula vorgestern
ilma (m) Wasser
illum heute
ilsien (m), **ilsna** (Mz) Zunge, Sprache
ilu vorüber, vergangen, her
ilu ħafna es ist lange her
imbagħad dann, danach
imma aber, trotzdem
impjegat (m) Angestellter
importanti wichtig
impossibbli unmöglich
imqatta' gehackt
imsejken elend, arm
imxarrab nass
inbid (m) Wein
indipendenza (w) Unabhängigkeit
indirizz (m) Adresse
infettiv entzündet
infezzjoni (w) Infektion
Ingliż, ~a, ~i Engländer
injam (koll) Holz
inkella sonst

inkwiet (m) Scherereien
insalata (w) Salat
insomma irgendwie
interessanti interessant
ippakkja, tippakkja einpacken
ippermetta, tippermetti erlauben
ipprefera, tippreferi bevorzugen
ipprojbit verboten
ipprova, tipprova versuchen, probieren
irħis, irħisa, irħas billig
irriduċa, tirriduċi reduzieren
irrifletta, tirrifletti nachdenken
irringrazzja, tirringrazzja danken, sich bedanken
irritorna, tirritorna zurückkehren
isem (m), **ismijiet** Name
isfar, safra, sofor gelb
isma'! hör mal!
issa jetzt
is-sewwa (m) Wahrheit; Gerechtigkeit
iswed, sewda, suwed schwarz
ittratta, tittratta behandeln
iva ja
iżda aber
iżjed mehr
iżżejjed zu viel, übermäßig

J

jaħasra oh weh, leider
jekk wenn, falls
jekk jista' jkun wenn möglich
jekk jogħġbok bitte
jew oder
jiġifieri das bedeutet, das heißt
(ma) jimpurtax meinetwegen
jiddispjaċini es tut mir Leid
jismu das heißt
jista' jkun vielleicht, wahrscheinlich, es kann sein
jitla', tela' aufsteigen, hinaufgehen
jogħġobni das gefällt mir
jum (m), **jiem** Tag

K

kafè (m) Kaffee
kalma (w) Ruhe
kamaleonte (m) Chamäleon
kamra (w), **kmamar** Zimmer
karattru (m) Charakter
karettun (m) Karren
karta (w) Papier
kartolina (w) Postkarte
karozza (w), **karozzi** Auto
karozza tal-linja (w) Autobus
kawża Grund, Anlass
kaxxa (w) Dose, Schachtel
każ (m) Fall, Vorfall
kbir, ~a, kbar groß
kċina (w) Küche
kelb (m), **~a, klieb** Hund
kellem, tkellem sprechen
kelli ich hatte
kelma (w), **kliem** Wort
kemm wie viel/e?
kemm trid wie viel willst du?
kemm-il darba wie oft?
kera (m) Miete

kera, tikri mieten, vermieten
kesħa (w) Kälte
kewkba (w), **kwiekeb** Stern
kexxun (m), **kxaxen** Schublade
kiel, tiekol essen
kien jaf, taf wissen
kien jismu, jismek heißen
kiesaħ, kiesħa, kesħin kalt
kif wie
kif inti wie geht es dir?
kikkra (w) Tasse
kiseb, tikseb bekommen
kiteb, tikteb schreiben
klamar^(m) Tintenfisch
kmieni früh
knisja (w) Kirche
kollega (m) Kollege
kollox alles
kollox lest alles fertig
kollox sewwa alles in Ordnung
kompla, tkompli ausführen, fertigstellen
konċessjoni (w) Genehmigung
kont (m) Rechnung
kontinwu fortlaufend
kontra gegen
korra, tkorri verwundet werden
kostanti andauernd
kredibbli glaubwürdig
ktieb (m), **kotba** Buch
kuċċarina (w) Teelöffel
kulħadd jeder (Person)
kuljum jeden Tag
kull jede(r, s)
kull min wer auch immer
kullimkien überall
kultant manchmal
kulur (m), **kuluri** Farben
kuntent, ˜a, ˜i zufrieden
kuxjenza (w) Gewissen
kważi fast
kwiet, ˜a, ˜i still

L

l-aħħar letzter
l-Erbgħa Mittwoch
l-għodwa t-tajba guten Morgen
l-Ingilterra England
l-istess gleiche, selbe
l-Italja Italien
l-Olanda Niederlande
lagħab, tilgħab spielen
laħam (m) Fleisch
lajter (m) Feuerzeug
lampa (w) Lampe
landa (w) Büchse
langas (koll) Birnen
laring (koll) Apfelsinen
laringa tad-demm Blutorangen
lbiċ Südwesten
le nein
leħen (m) Stimme
lejl (m), **iljieli** Abend
lejn (präp.) gegen
lemin rechts
lest, ˜a, ˜i fertig
lewż (koll) Mandeln
libertà (w) Freiheit
libes, tilbes (sich) anziehen
librerija (w) Bücherei
libsa (w) Kleid
liema welche(r)
liġi (w) Gesetz
lil zu, nach, gegen
lista ta' prezzijiet Preisliste
logħob (m) Spiel
logħob tan-nar Feuerwerk
lsien (m), **ilsna** Sprache; Zunge

ltaqa', tiltaqa' treffen
lukanda (w), **lukandi** Hotel
lumi (koll) Zitronen
lura zurück
lvant Osten

M

ma' mit
ma jimpurtax es macht nichts, meinetwegen
madankollu trotzdem
magħlub, ~a, ~in dünn, hager
magħluq, ~a, ~in geschlossen
maġġoranza (w) Mehrheit
magna (w) Maschine
maħmuġ, ~a, ~in schmutzig
majjal (m) Schweinefleisch
majjistral Nordwesten
malajr schnell
malli so bald wie möglich
maltemp (m) schlechtes Wetter
Malti (m), **~ja, ~n** Malteser
mappa tal-belt Stadtplan
mar, tmur gehen
mara (w), **nisa** Frau, Ehefrau
marbut, ~a, ~in festgebunden, gefesselt
marid, ~a, morda krank
mediċina (w) Medizin
mejda (w), **imwejjed** Tisch
mejjet, mejta, mejtin tot
mela klar, klar doch
melħ (m) Salz
memorja (w) Erinnerung
mera (w), **mirja** Spiegel
mess, tmiss berühren, anfassen
meta wann?, wenn (zeitl.)
mexa, timxi laufen, gehen
m'għandix idea keine Ahnung!
mgħarfa (w), **mgħaref** Löffel
mhux veru (es ist) nicht wahr
mħabba (w) Liebe
mħadda (w), **mħaded** Kopfkissen
mħassar kaputt
mħawwad, mħawda, mħawdin verwirrt
miftuħ, ~a, ~in offen
miġnun, ~a, mġienen verrückt, wahnsinnig
mimli, ~ja, ~jin voll
min wer?
minflok anstelle von
mingħajr ohne
minn von, aus; (Vergleich) als
minn meta seit wann?
minuta (w) Minute
misraħ (m), **msierаħ** Platz
misruq, ~a, ~in gestohlen
mistħi, ~ja, ~jin scheu, schüchtern
mistieden, mistiedna, mistiednin eingeladen
missier (m) Vater
mixja (w) Spaziergang
mixwi, ~ja, ~jin gegrillt
miżżewweġ, miżżewġa, miżżewġin verheiratet

mgħolli, ˜ja, ˜jin gekocht
moħħ (m), **imħuħ** Verstand, Gehirn
moqli, ˜ja, ˜jin gebraten
morr bitter
mqass (m) Schere
msakkar abgeschlossen
mudlam, ˜a, ˜in dunkel, unklar, verborgen
mument (m) Moment
muskolu (m) Muskel
mużew (m) Museum
mużika (w) Musik

N

naddaf, tnaddaf säubern, putzen
nadif, ˜a, nodfa sauber, ordentlich
nagħġa (w) Schaf
nar (m), **nirien** Feuer
narak għada bis morgen! (ich sehe dich morgen!)
nhar (m), **nharijiet** Tag
neħħa, tneħħi wegnehmen, entfernen
nemus (koll) Mücken
nervuż, ˜a, ˜i nervös
nesa, tinsa vergessen
nies (koll) Leute, Volk
nirringrazzjak ich danke dir
nisrani Christen, christlich
niżel, tinżel aus-, absteigen
nofs (m), **˜ijiet** Hälfte, halb
nofsillejl Mitternacht
nofsinnhar Mittag
normali normal
numru (m) Nummer, Zahl

O

offenda, toffendi verletzen
offra, toffri anbieten
oħra (w), **oħrajn** andere
oħt (w) Schwester
oħxon, ħoxna, ħoxnin dick, fett
omm Mutter
opinjoni (w) Meinung, Ansicht
ostili feindlich

P

paċi (w) Frieden
paċpaċ, tpaċpaċ plaudern
paga (w) Gehalt, Lohn
pajjiż (m), **˜i** Land
parir (m) Rat
partit (m) Partei
passiġata (w) Spaziergang
passaport (m) Pass
patata (w+koll) Kartoffel/n
pejjep, tpejjep rauchen
perikoluż gefährlich
permess (m) Erlaubnis
però aber
perpless ratlos
persuna (w), **persuni** Person
perżut (m) Schinken
pillola (w), **pilloli** Tablette
pitgħada übermorgen
piżelli (w+koll) Erbsen
pjaċir (m) Vergnügen
pjanta (w) Pflanze
platt (m), **˜i** Teller
poġġa, tpoġġi (sich) setzen, legen, stellen
pont (m), **˜ijiet** Brücke

port (m), **~ijiet** Hafen
possibbli möglich
prenotazzjoni (w) Bestellung
prezz (m) Preis
prosperità (w) Wohlstand
protokoll (m) Anzeige, Protokoll
pulit, ~a, ~i ordentlich; höflich
pulizija (w) Polizei
punent Westen

Q

qabel vorher
qaddis, ~a, ~in heilig
qadim, ~a, qodma alt
qagħad, toqgħod wohnen
qagħda (w) Aufenthalt
qal, tgħid sagen, erzählen
qalb (w), **qlub** Herz
qalziet (m) Hose
qam, tqum aufstehen, sich erheben
qamar (m) Mond
qaqoċċ (koll) Artischocken
qara, taqra lesen
qares, qarsa, qarsin sauer
qasir, ~a, qosra kurz
qatt niemals
qatt qabel niemals zuvor
qatta', tqatta' hacken, zerschneiden
qattus (m), **~a, qtates** Katze
qawwi, ~ja, ~jin stark, fest
qered, teqred zerstören
qiegħ (m), **qigħan** Boden, Grund
qiegħed, tqiegħed setzen, stellen, legen
qmis (w) Hemd
qoxra (w) Haut, Pelle
qoxra tal-ħobż Brotkruste
qoxra tal-ktieb Buchumschlag
qrib nahe bei
qtar tal-għajnejn Augentropfen
quddiem vor (örtl.)
quddiesa (w) Gottesdienst

R

ra, tara sehen
rabja (w) Zorn
raġel (m), **rġiel** Mann
raġun (m) Recht, Grund
raħal (m) Dorf
ramel (koll) Sand
rapport (m) Bericht
raqad, torqod schlafen
raqda (w), **raqdiet** Schlaf
ras (w), **rjus** Kopf
rċieva, tirċievi erhalten, bekommen
rebbiegħa (w) Frühling
reliġjon (w) Religion
reliġjuż, ~a, ~i religiös
repubblika (w) Republik
responsabbiltà (w) Verantwortung
riċetta (w) Rezept
riċetta tat-tisjir Kochrezept
riċetta ta' tabib Arztrezept
riduzzjoni (w) Ermäßigung
ried, trid wollen, beabsichtigen

riġel (m), **riglejn** (Mz) Bein
riħ (m) Wind, Grippe
rikeb, tirkeb reiten
rispett (m) Respekt
risposta (w) Antwort
ristorant (m) Restaurant
ritratt (m) Foto
rkobba (w) Knie
rokna (w), **rokniet** Ecke
ross (m) Reis
ruħ (m), **erwieħ** Geist, Seele
rummien (koll) Granatäpfel

S

sa soweit ... wie, bis
sab, issib finden
sabiħ, ~a, sbieħ schön
sagħtejn zwei Stunden
saħħa tschüss!
saħħa (w) Gesundheit
sajf (m) Sommer
sajjar, ssajjar kochen
salib (m) Kreuz
sama', tisma' hören
sapuna (w) Seife
saq, issuq fahren
saqaf (m) Decke (Raum)
sar, issir werden, wachsen
sarraf, ssarraf (um)wechseln
sawwat, issawwat schlagen
sekonda (w) Sekunde
sema (m) Himmel
sena (w), **snin** Jahr
sentenza (w) Urteil
seraq, tisraq stehlen
seta', tista' können, fähig sein
sewwa richtig
sewwasew genau
sfortunatament leider, bedauerlicherweise
sforz (m) Anstrengung
sħaba (w), **sħab** Wolke
sħun, ~a, sħan warm
siegħa (w), **sigħat** Stunde
sid (m) Herr, Besitzer
sieq (w), **saqajn** Fuß
siġra (w), **siġar** Baum
siġġu (m), **siġġijiet** Stuhl
siket, tiskot schweigen
sikkina (w), **skieken** Messer
sikwit oft
sinjur, ~a, ~i reich
sinjur (m) Herr
sinjura (w) Frau, Dame
sinna (w), **snien** Zahn
s'issa bis jetzt
sitwazzjoni (w) Situation
skart (m) Müll
skola (w), **skejjel** Schule
skutella (w) Schüssel
skuża (w) Entschuldigung
skużi Verzeihung, Entschuldigung
sliem (m) Frieden
sodda (w), **sodod** Bett
sodda ta' tnejn Doppelbett
sodda tal-wieħed Einzelbett
sorpriża (w) Überraschung
spiċċa, tispiċċa beenden
spinaċi (w+koll) Spinat
spiżerija, spiżeriji Apotheke
spiżjar (m) Apotheker
sptar (m), **sptarijiet** Krankenhaus
staqsa, tistaqsi fragen
stedina (w) Einladung

stenna, tistenna warten
stieden, tistieden einladen
stonku (m) Magen
student (m), **˜a, ˜i** Student
studja, tistudja, studieren
stupidu, stupida dumm
suċċess (m) Erfolg
suq (m), **swieq** Markt
sur (m), **swar** Bastion

T

ta' von
tabib, ˜a, tobba Arzt
tadam (koll) Tomate
taħt unter
tajjeb, tajba, tajbin gut
tal-ġenn Wahnsinn!, toll!, super!
tal-ħġieġ gläsern
talab, titlob bitten, erfragen
Taljan (m), **˜a, ˜i** Italiener
tama (w) Hoffnung
tamal (koll) Datteln
taraġ (Mz) Treppe
tarbija (w), **trabi** Baby
tard spät
tassew wirklich, in der Tat
tazza (w), **˜i** Glas (Gefäß)
teatru (m) Theater
tefa', titfa' werfen
tela', titla' hinaufgehen
telaq, titlaq weggehen
telegramma (m) Telegramm
telgħa (w) Anstieg
tempesta (w) Gewitter
tewm (koll) Knoblauch
tfal (Mz) Kinder
tgemgim (koll) Beschwerde
tgħallem, titgħallem lernen
tieġ (m) Hochzeit
tieqa (w), **twieqi** Fenster
tifel (m) Junge
tifħira (w) Lob
tifla (w) Mädchen
tiġieġa (w) Huhn
tiġrija (w) Rennen
tilef, titlef verlieren
timpana (w) Nudelauflauf
tipps (Mz) Trinkgeld
tkellem, titkellem sprechen
tojlit (m) Toilette
tond, ˜a, ˜i rund
toqba (w), **toqob** Loch
tqil, ˜a, tqal schwer
tqila schwanger
trattament (m) Behandlung
triq (w), **toroq** Straße
trux, ˜a, torox taub
tuffieħ (koll) Äpfel
tursin (koll) Petersilie
tut (koll) Himbeere
tweġiba (w) Antwort
twil, ˜a, twal groß (gewachsen)

U

u und
uffiċċju (m) Büro
uffiċċju tal-posta Postamt
uġigħ (m) Schmerz
ukoll auch
ulied (Mz) Kinder, Nachkommen
Università (w) Universität

uża, tuża gebrauchen, benutzen
użu (m) Gebrauch

V

vaganza (w), **vaganzi** Urlaub
vapur (m), **~i** Schiff, Fähre
vara (w), **vari** heilige Statuen
veru, vera, veri wahr
vojt, ~a, ~i leer

W

waħdi allein
waqaf, tieqaf anhalten, stoppen
waqt während, augenblicklich
wara nach, hinter, zurück
wara nofsinnħar Nachmittag
warda (w) Rose, Blume
wasal, tasal ankommen, erreichen
weġġa', tweġġa' verletzen
wera, turi zeigen
werqa (w), **weraq** (koll) Blatt (Pflanze)
wiċċ (m), **uċuħ** Gesicht
wieġeb, twieġeb antworten
wirja (w) Vorstellung, Ausstellung
wisq zu viel
wisq iżjed viel mehr

X

x'aktar was noch?
x'ħin wann?
x'ħin hu wie spät ist es?
x'imkien irgendwo
x'inhu (m), **x' inhi** (w) was ist das?
x'iżjed was noch?
x'jiġifieri was bedeutet das?
xagħar (koll) Haare
xahar (m), **xhur** Monat
xamm, xxomm riechen
xatt (m) Strand
xebah, tixbah ähnlich sein
xebh (m) Ähnlichkeit
xejn (iżjed) nichts (mehr)
xellug links
xemx (w) Sonne
xewk (koll) Dornen
xewqa (w), **xewqat** Wunsch
xewqat sabiħa Glückwunsch!
xhud (m) Zeuge
xi, x' was, etwas, einiges
xi darba gelegentlich
xi drabi manchmal
xi ftit ein wenig
xi ħaġa (oħra) (noch) etwas
xi ħadd jemand
xi ħaġa etwas
xi ħaġ'oħra sonst noch was?
xi wħud einige
xiħ, ~a, xjuħ alt
xħiħ, ~a, xħaħ geizig, gierig
xirja (w) Einkauf
xita (w) Regen
xitwa (w) Winter
xlokk Südosten
xogħol (m) Arbeit
xorob, tixrob trinken
xortl (w) Glück, Erfolg
xtaq, tixtieq möchten, wünschen

xtara, tixtri kaufen, anschaffen
xugaman (m), **˜i** Handtuch

Ż

żar, iżżur besuchen
żagħżugħ, ˜a, żgħażagħ jung
(par) żarbun (m), **żraben** (ein Paar) Schuhe
żball (m), **żbalji** Fehler
żebbuġ (koll) Oliven
żejjed, żejda zu viel, übermäßig
żgur sicher
żgħar (Mz) Kleingeld
żgħir, ˜a, żgħar klein
żibel (koll) Müll, Abfall
żied, iżżid hinzufügen
żiemel (m), **żwiemel** Pferd
żifen, tiżfen tanzen
żjara (w) Besuch

Z

zalzett Bratwurst
zokkor (koll) Zucker
zunnarija (w+koll) Möhren

Die Autorin

Kim Ohk: „Ich bin 1957 in Köln geboren und habe nach dem Abitur eine Ausbildung zur Lithografin gemacht. Während meines anschließenden Psychologiestudiums verbrachte ich 1988 zum ersten Mal meinen Urlaub auf Malta. Der Gedanke, mich mit der maltesischen Sprache etwas ausführlicher zu beschäftigen, kam mir während weiterer Aufenthalte auf Malta und Gozo. Um die Sprache zu erlernen, zog ich 1994 hierher. Ich nahm Unterricht und begann zugleich mit dem Schreiben meines ersten Buches.

Seither ist einige Zeit vergangen und inzwischen habe ich durch meinen Alltag auf Malta unendlich viel dazugelernt. Sowohl in Bezug auf die Sprache als auch auf den Umgang mit einer fremden Kultur und ihren Menschen. Maltesisch war mir dabei von Anfang an eine nützliche Hilfe."